新时代
经济学
思维

本书编写组　编

Economic Thinking in the New Era

人民出版社

出 版 说 明

　　为深入回答当前干部群众普遍关注的新时代经济学热点问题，我们特约中央党校（国家行政学院）卓翔同志组织来自中央有关部委、省级地方政府、大型央企、重点高校、驻国际组织、国家高端智库的相关领导与专家学者，在认真调研的基础上精心选题，围绕宏观调控、改革开放四十年理论与实践总结、从严治党新思路、民营经济发展新阶段、精准扶贫范例、新消费趋势、开放型经济新体制、投资变局与财富机遇、全球贸易规则重建的重大挑战、房地产税改革等十个热点问题，编写了这本宣传习近平新时代中国特色社会主义经济思想读物。本书紧密联系新时代经济发展新形势，紧密联系干部群众的思想实际，对这十个热点问题作了有针对性、有说服力的实务性探讨，观点权威准确，文风亲切朴实，案例图文并茂，可读性强，是干部群众、青年学生进行理论学习和开展形势政策教育的重要辅导读物。人民出版社为此组织精干团队，精心统筹编辑、排版、校对，精益求精以飨读者。

本书编写组

2018 年 8 月

目　录

从严治党的新思路

——耗散结构理论的导入与运用

朱相远

一、反腐到了"最不容易的时节"

推进全面从严治党，是推进"四个全面"的根本保障。因中共是中国近百年斗争中形成的领导核心力量。离开中共领导，中国将又一盘散沙，一事无成。什么民族复兴之梦，皆化为乌有。这已是常识。

幸好中共十八大以来，习近平同志狠抓从严治党，纠"四风"，反腐败，"老虎""苍蝇"一起打，"踏石留印"，"抓铁有痕"，这些"痕印"，已震撼全国，昭然世界。近几年来，斗争由浅入深，由点到面，正全面铺开，向纵深发展，可谓进入决战阶段了。

正如毛主席在《中国革命战争的战略问题》中所指出的：

"决战阶段的斗争，是全战争或全战役中最激烈、最复杂、最变化多端的，也是最困难、最艰苦的，在指挥上来说，是最不容易的时节。"因为，正如他指出的：失败者必作出一种新的努力，企图挽救危局，使自己摆脱出这种新出现的不利局面。而胜利者则力图发展自己的胜利，务求增加或发展有利于我的条件和形势，不让对方完成其脱出不利和挽回危局的企图。

当下就出现一些妄图动摇反腐败信心的思潮。比如说什么，中国腐败是体制的必然产物；一党执政不能解决腐败问题；自我净化、自我更新如同一个人给自己开刀动手术，是不可能的。有些好心人也担心，"反腐败到底能反得多久？"让人不由想起80多年前，当红军面临第三次反"围剿"时，也曾有人提出"红旗到底打得多久"的疑问。当时毛主席就于1930年1月写出《星星之火，可以燎原》，批判这种悲观思想。果然19年后，不仅燎原，而且建立了新中国。

既然反腐斗争进入决战阶段，到了"最不容易的时节"，我们大家就应千方百计，寻找各种思想武器，支持以习近平同志为核心的党中央来打赢这场无形战争。笔者虽入耄耋之年，仍位卑未敢忘忧国，特建议导入并运用耗散结构理论，来推进从严治党，并支撑反腐败斗争。

二、什么叫耗散结构理论？

耗散结构理论（dissipative structure theory），人们定会联

想到这是个洋名字，且为自然科学的术语。的确如此，这是比利时著名物理化学家普利高津（1917—2003）提出的。他因于1969年提出这个著名理论，而获1977年度的诺贝尔化学奖。由于这个理论普遍是用于自然界，包括生物界，也适用于人类社会，故被人尊为"自然界的第一法则"。

这个理论源自于热力学研究，人们皆熟悉热力学第一定律，即能量守恒。1865年克劳修斯（1822—1888）又提出热力学第二定律（又称能量耗散定律），指出一个孤立系统中，能量转化具有方向性，总是由高端转向低端，是不可逆的。他用"熵"这个状态函数，来表示对系统内状态的一种量度。一个孤立系统，随热能的耗散，熵值趋于最大化，系统的组织程度、有序度则趋于最小化。克劳修斯对熵的定义是：

$$\Delta S \text{ 为 } S_B - S_A \geq \int_A^B \frac{dQ}{T}$$

ΔS 为熵变

S_A 为系统初始态之熵值

S_B 为系统终态之熵值

$\int_A^B$ 为从 A 到 B 之积分

dQ 为耗散之热量

T 为绝对湿度

$=$ 对应可逆过程

$>$ 对应不可逆过程

这反映自然界中存在着由复杂向简单、由有序向无序的运动过程。有人把地球作为一个系统，就认为随热能不断耗散于尽，熵（即无序度）不断扩大，最后达到"热寂论"。

但达尔文却发现了"生物进化论"。生物界发展方向，正好相反，从无序向有序，由简单向复杂，组织程度由低级向高级，生命系统是负熵趋于最大化。生命系统是开放系统，非生命系统有开放的，也有孤立、封闭的。于是普里高津提出耗散结构理论，把进化论与热寂论统一起来。

他认为自然界中一切自发展过程，都伴随能量的耗散，能量耗散是一个不可逆过程。在一个远离平衡态的开放系统，通过不断地与外部环境进行物质和能量（也包括信息）交换，当某个参量的变化达到一定临界值（阈值）时，通过涨落，有可能出现分叉、突变，由原来之无序状态转变为在空间、时间或功能上有序的状态。这种稳定有序的宏观结构，就叫"耗散结构"。系统这种自行产生组织性的行为，叫"自组织现象"。耗散结构理论又称作非平衡系统的自组织理论。

一个耗散结构形成后，它必须继续开放，同外界不断进行物质、能量、信息交换，不断从外界吸收负熵流，来抵消系统自身的熵增加，而使系统总熵值保持不变或逐渐减小，以维持一个低熵的非平衡态的有序结构。虽然由于内部或外部参量的变化，而引起外部涨落与内部涨落，又会导致小的分叉与突变，但系统内部各要素之间，具有非线性的相互作用，即负反馈机制，使系统产生协同作用和相干效应，从而进行自我调节与修补，总能使系统从倾向无序又转为有序，保持相对的稳定。有时这种涨落、干扰特别大，大过一定阈值，那系统便发生大分叉，由有序又转为无序。不过这时系统可能又发生"二级分叉"，而产生更大的突变，即所谓"非平衡相变"，再由这种无序、混乱状态，又转变到一种新的更高级的有序状态（新耗散结构），否则系统就此崩溃、消亡。这就是耗散结构自我更新、自我持续发展的一种功能。

这在生物界尤为明显，一个生物个体，从出生起就是一个开放的耗散结构。它不断同外界环境交换物质、能量与信息。所谓"新陈代谢"作用，就是指耗散结构的维持机制。生物在生长发育过程中，也常遇到各种因素的影响，而发生涨落、干扰，但由于体内各要素之间，存在非线性的负反馈调节作用，总能维持从旧耗散结构向新耗散结构的转变（完成不同发育阶段），而使系统结构稳定。直到生命衰老，新陈代谢终止了，这个有序低熵的生命体，就变成一个熵极大、极无序的尸体。于是生命结构就终止了，尸体重新分解转化为无生命元素。

作为耗散结构的物种，通过自己 DNA 的有序结构，在一代接一代的遗传演化中，能不断通过环境变化与内部的涨落，而发生突变，经过变异与遗传机制形成更复杂、更高级的新种。这就是生物进化机制。因此任何系统只有本身存在着耗散结构，才能不断由低一级耗散结构，向高一级耗散结构演化，才能实现系统的持续发展。

三、连接自然科学与社会科学的桥梁

自然科学中人是主体，自然是被研究的客体；社会科学主体也是人，但客体却是人类社会。由于自然现象是纯客观、遵守必然性的，也是稳定的，是可重复、可逆的，故自然科学可用实验的方法，进行定量研究，可经受严格的检验，故属于清晰的、精密的、稳定的科学。

而社会现象十分复杂，是不可重复、不可逆的，具有很大不确定性，而且还存在文化价值因素，主客观纠缠一块，是模糊的、多变的、偶然性的。故社会科学总是落后于社会形势，常只定性而不能定量，易受人们意识形态立场的影响，带有很多主观因素。

由于 1969 年出现了耗散结构理论，形成了复杂性科学，就使自然科学与社会科学之间，形成一座跨越鸿沟的桥梁。首先出现在经济学领域，经济学本属于社会科学，也总是定性不定量，充满不确定性，但采用复杂性科学研究后，就由定性转为定量。因此从 1969 年开始，诺贝尔科学奖中，就增加了经济学奖项。

现在人们就可以用耗散结构理论，来研究许多社会现象、社会问题，成为社会科学的一个重要手段。如研究人类社会演化、经济发展模式、产业结构调整、技术创新等等。

中国共产党历来主张科学性，尊重客观规律。尤其改革开放以来，把系统科学、复杂性科学引入社会管理，如系统工程观念的普及等，取得了立竿见影的效果。因此，我们完全可以再进一步，把耗散结构理论也引进到我国的社会科学领域，直至党的建设。因为拥有 8900 多万党员的中共，就是一个开放的、有组织的系统结构，其运行规律与机制是符合耗散结构理论的。

因此，笔者建议导入并运用耗散结构理论，来推进从严治党，来支撑反腐败斗争，绝不是异想天开，更不是什么故弄玄虚，搬弄一些新概念，赶赶时髦，而具有实实在在的内容。

四、形成耗散结构所需要的四个条件

普里高津的耗散结构理论，要求一个系统必须具备四个条件，才能算得上耗散结构。

第一，这必须是个开放系统。普里高津将系统分成：孤立系统、封闭系统、开放系统。唯有开放系统，能不断同外界进行物质、能量、信息的交换，使系统除能量耗散（熵增大）外，还能不断从外界输入新的物质、能量、信息，以负熵的引入来抵消系统内总熵的增加，甚至使总熵下降。

熵这个状态函数，反映系统内的无序度，熵越大，组织程度越无序。所以对生命系统与社会系统来讲，熵就是同音的"伤"（损坏），甚至是"殇"（死亡）。因熵代表无序、混乱，它轻则使系统的组织松散，功能紊乱，故为"伤"。重则使系统无序、混乱到瓦解、崩溃，造成死亡、解体，故为"殇"。只有开放系统，因同外界不断有能量、物质、信息交换，才能确保系统内总熵有减无增，至少不增不减，保持原有的有序状态。

第二，这个系统必须远离平衡态。开放系统又分三种，一是热力学平衡态；二是热力学近平衡态；三是热力学远离平衡态。平衡态就是系统中状态变量均保持稳定不变，处于无结构的静止状态。近平衡态，意即近于无结构的静止状态。这两种开放系统，均不能形成耗散结构。必须是远离平衡态（远离静止状态）的开放系统，才能成为耗散结构。

第三，这个系统必须存在涨落。什么叫涨落？由于系统外部或内部之偶然原因，使系统状态某个变量偏离了平均值的一种随机现象，它使系统偏离原来的状态或轨道，引起消涨，称为涨落。耗散结构中必须存在涨落。因为当系统处于不稳定无序状态时，唯有通过涨落而发生分叉、突变，才能形成一个新的稳定有序结构。

第四，这个系统必须存在非线性作用机制。线性作用指正相关作用，如正反馈，各因素只互相激励，而不互相制约，结果是愈演愈烈，造成失序的恶性循环。非线性作用指协同作用，如负反馈，各因素间互相制约、互相协同，能维持于一个正常有序状态。唯有系统中存在这种非线性作用机制，才能使涨落引起的突变，能产生一个新的、相对稳定的有序状态。

以上四个条件，缺少任何一个，都不能形成耗散结构。有人称耗散结构是一种"活"结构，从以上四方面，也可看出其"活"的根据了。

五、中共系统就是典型的耗散结构

中共之所以可称作典型的耗散结构，首先就因完全具备这四个条件。

第一，中共是一个完全的开放系统。中共自成立起，就反对"关门主义"，总向国内各民族开放，也向国际开放。扎根于广大人民群众之中，应对国内外各种复杂形势，不断组织人民为中国的独立，解放、富强而斗争。终于取得胜利，建立起新中国。自邓小平主政，进入新时代后，更高举改革、开放两面大旗，如今已成为拥有 8900 多万党员的强大执政党。

中共力求建成学习型政党，就是不断从外部吸收各种先进的思想、观念、理论来武装自己，充实自己，从不自满、停顿。中共通过发展与整顿，不断吐故纳新，保持旺盛的新陈代谢。确保系统内熵值不断下降，保持较高的有序度。

第二，中共远离平衡态。中共自建党起就思想活跃，创新不断。虽然已达 94 周年，但丝毫没有"百年老店"那种暮气与保守。尤以改革开放以来，总是不断改革，不断进取，不断创新，更上层楼，带领广大人民，使中国成为世界第二大经济体。东方睡狮已醒，充满活力与朝气地奔忙于世界舞台上，一刻也未静止。

尽管成绩巨大，但却从不自满，总是告诫人民要居安思危，树立危机意识，做好应对各种突发事件的准备。

第三，中共内部一直存在涨落。尤其建立社会主义市场经济后，各种变量经常偏离原有的平均值，平衡不断被打破，大小风险不断呈现，各种社会矛盾时有激化，群体性事件似成常态，各种思潮此起彼伏，国际冲突与纠纷也从未中断。

随着社会繁荣，自由度增加，再加上网络的普及，各种内部地位矛盾、冲突、噪音、分歧，形成大大小小的涨落。这些涨落有时形成倒逼机制，促使加快改革进程。

第四，中共具有非线性作用机制。尽管各种大小涨落不断，但中国社会仍具有极大的包容性、缓冲力及应变功能。这因中共内部存在非线性作用机制，内部各要素间能互相协调、互相制约、互相协同，形成非线性的负反馈，将涨落转化为变革，而使系统具有极强的维稳能力与自组织能力，保持相对稳定的有序状态。

中共除具备以上耗散结构的四个必备条件外，其实本身就是一个耗散结构。因为我们是唯物主义者，相信世界属于物质的，一切运动都是物质运动，生命活动属于物质运动，人类社会活动也是物质运动。同样中共的政治活动，也是物质运动的一种形式。中共作为世界上最大的执政党，掌控着世界上第二强大的国家机器，拥有强大的财力、物力、人力、军力与权力，也拥有巨大的软实力，如文化力、号召力、影响力、凝聚力、创新力等。这个系统因不断向外界耗散巨大的能量，从而维系着一个有序的、可持续发展的耗散结构。

因此，中共确实属于耗散结构，耗散结构理论也同样适用于中共的全面从严治党工作，包括反腐倡廉工作。这就是笔者建议采用耗散结构理论来推进从严治党与反腐败斗争的缘由。

六、从严治党与反腐败斗争演化
同耗散结构演化的类比

引入一个新的理论，不是为了猎奇、作秀，而是帮助解决问题。首先要回答前面所提到的，中共作为一党执政（实际还包括多党合作），究竟能否自我净化、自我更新，也即自己为自己开刀动手术，以及"反腐败到底能反得多久"。

耗散结构理论已阐明，结构内部熵增大、无序度增长时，结构通过对外开放，进行物质、能量及信息交换，吸收负熵，可减少系统内总熵值，还可以经过涨落、突变及非线性的负反馈机制，使系统从无序转变为有序，不断进步，以保持系统的可持续发展。

我们可以从历史上一些宗教及教派的传统发展路径看出，凡具有耗散结构的宗教与教派，它们都能保持活力，不断更新、不断发展，甚至传承千年不衰，如西方的基督教、伊斯兰教，中国的佛教、道教等，皆有上千年的历史了，不是依然十分活跃吗！相反，那些不开放、封闭的一潭死水般的宗教，坚持极端的线性作用机制，大多也就昙花一现，很快湮没于历史尘埃之中了。当然，也有些宗教（如摩尼教）本为耗散结构，不断传承，但后因结构退化，失去耗散机制，也终于消失了。

古代形成的人类几大文明，本也属于耗散结构，传承了上千年，也曾辉煌一时。但大多因耗散结构机制退化，或未经得起特大的涨落，而消失了。唯有中华文化，一直保持耗散结构机制，不管多少次改朝换代，文化却一直传承、发展至今。

中共是个信仰科学唯物主义的集团，她具有典型的耗散结构。中共对外开放，不搞死水一潭、一言堂，反对"鸦雀无声"，不断通过党内批评开展思想斗争，而形成各种涨落，再通过内部的非线性负反馈机制，进行协同，而形成新的有序。中共干部正逐步做到能上能下，能进能出，不断清除腐败分子与不称职干部，不断发现、起用、培养优质人才，吐故纳新。并加强理想教育，争取思想上的有序；严格纪律管束，争取行为上的有序。不断加强顶层设计与广泛实验，使自身结构总处于不断更新、不断完善中，使系统充满活力，让中共的薪火代代相传。这难道还有什么可怀疑的吗?!

有人问，苏共为什么解体垮台了？这就因苏共从原先耗散结构系统，逐步蜕变为非耗散结构了。二战以后，苏共逐渐由开放而转为封闭，党内思想保守僵化，处于停顿静止状态，陷入近平衡态。不思改革，经济发展缓慢，社会缺少活力，失去广大群众的支持，使苏共的熵值不断增大，到突破临界点时，由外部因素（颠覆）与内部因素（争权）形成巨大的涨落，超过阈值。而结构又失去非线性作用机制，不能自我更新，没有重新自组织能力，唯有解体。顷刻之间，两千万党员的系统，熵达最大值，由"伤"而变成"殇"，化成一盘无序的散沙。这是近代历史上罕见的一次系统崩溃现象，也为我们留下深刻的教训。

可见唯有保持耗散结构，维持其四项条件。才能避免系统的瓦解与崩溃。中国改革开放四十年来，在中共领导下取得了巨大发展，已为全世界所瞩目。但中共内部结构，由于仍缺少相应的变革，虽然党员人数增多了，但其组织程度、思想上的有序度、行为上的有序度等，皆有所下降，也即熵值在增加。出现思想混乱、纪律松弛、作风涣散、有法不依、执法不严，甚至腐败横行等消极现象。

然而中共十八大以来，以习近平同志为核心的新领导体系，力挽狂澜，全面推进从严治党，从反"四风"入手，把反腐败引向纵深。许多过去不敢动的"大老虎"，也一律绳之以法。这将使中共这个耗散结构，通过推进"四个全面"，定能从一个原有的耗散结构转变为一个新耗散结构。只要坚持开放，防止僵化、静止，坚持党内思想斗争，不断完善非线性作用机制等，维持耗散结构的四个基本条件，中共就一定能够保持积极向上的活力，不断改革，不断变革，不断开拓。一代又一代地引领中国人民实现中国梦，完成民族复兴的宏伟大业。

中国是一个拥有 13 亿多人口，五千年文明历史的东方大国，在人类历史上，一直以东方文化支撑着世界的一半。仅 19 世纪陷入停顿，以至被列强瓜分，近于亡国。经多少仁人志士抛头颅洒热血，前赴后继，奋斗了百年，终于在中共领导下，才有了今日昂首做人的地位。块头越大，惯性越大，这种复兴、发展的势头，具有无比持续发展。我们坚信无疑，信心满怀，那些怀疑、攻击、诋毁算不了什么，充其量只能充当系统内的一些涨落，而成为前进的动力罢了！

作为一个老人，虽然自身的耗散结构，目前仍在正常地新陈代谢着，但自知个人系统中的熵值，已在渐渐增长，来日无多，终会由熵到伤，直至殇，这是自然规律，不可抗拒。但由本人所志愿参加的中共这个系统，以及本人所属的中华民族系统和人类系统，必将作为一个典型的耗散结构系统，一代一代运转、发展下去。我想，一个人能认识到这些，能主动带着这样的信念而殇，难道不也是一种幸福与满足吗！

十九大标志中国民营经济迎来新历史机遇 进入新发展阶段

庄聪生

习近平同志在党的十九大报告中，站在历史和时代的高度，鲜明提出新时代中国特色社会主义思想和基本方略，深刻回答了新时代坚持和发展中国特色社会主义的一系列重大理论和实践问题。报告中还就鼓励支持民营经济发展作出许多新的重大论述，为我国民营经济持续健康发展指明了方向，标志着我国民营经济将迎来新的历史机遇和进入一个新的发展阶段。

再次重申坚持"两个毫不动摇"

习近平同志在报告中指出，"必须坚持和完善我国社会主义基本经济制度和分配制度，毫不动摇巩固和发展公有制经济，毫不动摇鼓励、支持、引导非公有制经济发展"。关于非公有制经济在我国经济社会发展中的地位和作用，党的十五大在确定"公有制为主体、多种所有制经济共同发展"为我国基本经济制度的同时，明确非公有制经济是我国社会主义市场经济的重要组成部分。党的十六大提出，毫不动摇地巩固和发展公有制经济，毫不动摇地鼓励、支持和引导非公有制经济发展。党的十八届三中全会进一步明确提出，公有制经济和非公有制经济都是社会主义市场经济的重要组成部分，都是我国经济社会发展的重要基础。2016年3月4日，习近平同志指出，"实行公有制为主体、多种所有制经济共同发展的基本经济制度，是中国共产党确立的一项大政方针。非公有制经济在我国经济社会发展中的地位和作用没有变，我们鼓励、支持、引导非公有制经济发展的方针政策没有变，我们致力于为非公有制经济发展营造良好环境和提供更多机会的方针政策没有变"。国际金融危机以来，世界经济深度调整、复苏乏力，我国经济发展进入新常态，民营经济发展普遍面临市场需求不旺、生产要素成本上升较快、融资难融资贵、税费负担较重、制度性交易成本高等问题，民营企业家发展预期和信心受到影响。特别是2015年下半年以来，民间投资呈现下降趋势，出现投资方向不明、投资意愿不强、投资动力不足的问题。2016年3月4日，习近平同志曾形容，目前民营企业遇到了三座大山：市场的冰山、融资的高山、转型的火山。在这一情况下，习近平同志再次重申"两个毫不动摇"，既表明了党的一贯立场，及时回应了社会重大关切，为我国非公有制经济发展指出了光明前景，对于坚定非公有制经济人士一心一意发展企业的信心，具有十分重大的意义。

第一次提出要支持民营企业发展

习近平同志在报告中指出，"要支持民营企业发展，激发各类市场主体活力，要努力实现更高质量、更有效率、更加公平、更可持续的发展"。我国民营经济是改革开放以来在党的方针政策指引下从无到有、从小到大、由弱到强发展起来的。截至目前，我国登记注册的民营企业 2498 万户，个体工商户 6154 万户，每天新登记市场主体 4.9 万户，新增企业 1.6 万户，企业活跃度保持在 70% 左右。民营企业用近 40% 的资源，创造了我国 60% 以上 GDP，缴纳了 50% 以上的税收，贡献了 70% 以上的技术创新和新产品开发，提供了 80% 以上的就业岗位，发展成为社会主义市场经济的重要组成部分和我国经济社会发展的重要基础。实践证明，凡是民营经济发展较好的地区，那里的就业就比较充分，那里的市场发育程度就比较成熟，那里的经济就充满生机活力，人民生活就比较富裕，社会就和谐稳定。2016 年 3 月 4 日，习近平同志用"六个重要"高度评价非公有制经济的重要地位和作用：非公有制经济在稳定增长、促进创新、增加就业、改善民生等方面发挥了重要作用，是稳定经济的重要基础，是国家税收的重要来源，是技术创新的重要主体，是金融发展的重要依托，是经济持续健康发展的重要力量。过去，在党的历次重要会议和文件中，都用

"非公有制经济"和"民营经济"来表述,这次习近平同志直接使用"民营企业"的概念,既表明我们党对民营企业认识的逐步深化,又对民营企业为改革开放和经济社会建设作出的贡献给予充分肯定,是中国特色社会主义道路自信、理论自信、制度自信和文化自信的重要体现,必将激励我国广大民营企业为决胜全面建成小康社会作出新贡献。

强调把发展经济的着力点放在实体经济上来

习近平同志在报告中指出:"建设现代化经济体系,必须把发展经济的着力点放在实体经济上,把提高供给体系质量作为主攻方向,显著增强我国经济质量优势。"前些年,许多金融资本"脱实向虚",没有投入实体经济,只在体外自我循环,以钱生钱,加上房地产市场虚火旺盛,严重影响了企业家专心致志干实体和转型升级的积极性,有的甚至放弃主业去做投资、炒房地产,导致实体经济发展每况愈下。影响我国实体经济发展的原因很多,既有虚拟经济对实体经济的挤压加大,以互联网为代表的新经济、新业态、新模式对传统产业形成巨大冲击,也有随着我国经济结构转型升级,支撑我国实体经济30多年快速发展的传统要素优势正逐步减弱,要素价格持续上升,实体经济运营成本刚性上涨,进一步挤压了利润空间。但是,没有实体经济做支撑,虚拟经济终究是"空中楼阁","虚火"过旺,"虚胖"的经济体质是难以支撑经济持续向好的。今年全国两会期间，习近平同志指出，不论经济发展到什么时候，实体经济都是我国经济发展、在国际经济竞争中赢得主动的根基。这次习近平同志在党的十九大报告中强调，必须把发展经济的着力点放在实体经济上，这对引导广大民营企业保持定力，坚守实体经济，做到不焦躁、不灰心、不动摇，加快技术、产品、管理、商业模式等创新，培育以创新驱动为核心的竞争新优势，安心、专心、用心创业创新，将产生积极的推动作用。

提出要打破行政性垄断，清理废除妨碍统一市场和公平竞争的各种规定和做法

习近平同志在报告中指出："全面实施市场准入负面清单制度，清理废除妨碍统一市场和公平竞争的各种规定和做法。深化商事制度改革，打破行政性垄断，防止市场垄断，加快要素价格市场化改革，放宽服务业准入限制，完善市场监管体制。要使市场在资源配置中起决定性作用，更好地发挥政府作用。"近几年来，随着改革开放的不断深入，影响民营经济发展的各种体制机制障碍不断打破，民营经济发展环境不断得到改善。但由于受所有制的歧视和偏见，民营企业发展特别是在各种生产要素获取和进入垄断领域等方面，不能得到一视同仁和平等对待。为了进一步优化民营经济发展环境，党的十八届三中全会明确提出，要坚持权利平等、机会平等、规则平

等，废除对非公有制经济各种形式的不合理规定，消除各种隐性壁垒，制定非公有制企业进入特许经营领域具体办法。"三个平等"的提出，体现了党和国家下决心破除垄断，建设统一开放、竞争有序市场体系和公平开放透明市场规则的魄力和信心。我们相信，随着党的十九大精神的贯彻落实和全面深化改革的推进，一切妨碍市场公平竞争的各种规定和做法必将不断被清除，民营经济的市场主体地位将会得到尊重，民营经济发展的活力和创造力一定会被充分激发出来。

第一次提出要加强对中小企业创新支持

习近平同志在报告中指出："深化科技体制改革，建立以企业为主体、市场为导向、产学研深度融合的技术创新体系，加强对中小企业创新的支持。"我国民营企业 90% 以上是中小微企业。近年来，我国制造业低成本优势逐渐递减，处于价值链低端的产品竞争日趋激烈、产能过剩问题日益突出，依靠技术创新实现提质增效升级成为中小企业发展的必由之路。实践证明，无论大中型企业还是小微型企业，谁能在技术创新方面取得突破，谁就能率先赢得市场、赢得先机。特别是在全球酝酿新的产业和技术革命的背景下，新兴互联网的产业化、所有产业的互联网化，使各类市场主体站在了同一个起跑线上，谁在技术上获得领先优势，就能迅速发展成为有较强竞争力的企业。当前，世界新一轮科技革命和产业变革正在孕育兴起，许多中小企业充分发挥创新能力强、机制灵活、市场敏锐的优势，紧紧依靠技术创新，主动对接国际先进技术水平，在市场比较低迷的情况下，仍显示出较强的生机和活力。要按照党的十九大精神，引导中小企业加大研发投入力度，努力掌握关键核心技术和自主知识产权，特别是要通过技术创新带动产品创新和生产经营模式创新，努力将价值链向研发、标准制定、销售服务等方面拓展，发挥科技创新在全面创新中的引领作用，不断开发新技术、涉足新领域、推出新产品，通过产品创新引领消费创新。

提出支持传统产业优化升级

习近平同志在报告中指出，"支持传统产业优化升级，加快发展现代服务业，瞄准国际标准提高水平"。我国的民营企业，基本处于产业链低端，不少属于劳动密集型、资源依赖型和能源消耗型企业。前些年，许多企业凭借着人口红利、廉价的土地、能源原材料把企业发展起来。但是，随着我国劳动力、土地、资源、原材料等生产要素成本的上升，环境承载能力已经达到或接近上限，低成本制造的传统优势逐步丧失。当前，我国经济已由高速增长阶段转向高质量发展阶段，正处在转变发展方式、优化经济结构、转换增长动力的攻关期。在这种情况下，传统企业要实现持续健康发展，必须把握顺应发展大势，结合自身所处的行业发展和企业自身实际，走转型优化升级之路。要按照党的十九大精神，推动民营企业中的传统产业大力开展技术创新和技术改造，向价值链高端提升；推进工业化信息化融合，提升智能制造水平；注重质量品牌建设，提升制造品质和企业竞争力；通过投资项目转移产能和合作，利用技术、管理、产品等优势进军海外，获取更大发展空间和优势。

提出经济体制改革必须以完善产权制度和
要素市场化配置为重点

习近平同志在报告中指出，"经济体制改革必须以完善产权制度和要素市场化配置为重点，实现产权有效激励、要素自由流动、价格反应灵活、竞争公平有序、企业优胜劣汰"。产权是公民、法人最为重要的一项权利。有恒产者有恒心。产权制度是社会主义市场经济的基石，保护产权是坚持社会主义基本经济制度的必然要求。要保障现代市场经济持续健康发展，就必须建立健全归属清晰、权责明确、保护严格、流转顺畅的现代产权制度。近几年来，在一部分企业家中弥漫着一种"小富即安，大富难安"的情绪，甚至认为"不挣钱心慌，挣钱也心慌，挣得越多心越慌"。这背后其实有深层的隐忧。改革开放以来，民营经济在发展的过程中，关于民营企业"第一桶金"的争论，反腐过程中的民企负面内容、社会中的"仇富"现象等引发的各种声音不绝于耳。这些对民营企业家很容易造成困惑、迷茫和疑虑。对于财产权的保护，成为民营企业最为关心的问题之一。党的十八届三中全会明确提出，公有制经济财产权不可侵犯，非公有制经济财产权同样不可侵犯。国家保护各种所有制经济产权和合法利益，保证各种所有制经济依法平等使用生产要素、公开公平公正参与市场竞争、同等受到法律保护。在此基础上，党和国家不断推进平等保护各类所有制经济产权的法治化进程。2016年11月，中共中央、国务院颁发《关于完善产权保护制度依法保护产权的意见》，明确了平等保护、全面保护、依法保护、共同参与、标本兼治六项原则，要求加强各种所有制经济产权保护，完善平等保护产权的法律制度，妥善处理历史形成的产权案件，严格规范涉案财产处置的法律程序，审慎把握处理产权和经济纠纷的司法政策，完善政府守信践诺机制，完善财产征收征用制度，加大知识产权保护力度，营造全社会重视和支持产权保护的良好环境。习近平同志在党的十九大报告中又一次强调完善产权制度，标志着我国坚持和完善产权保护制度的伟大实践将进入一个新的发展阶段，为广大民营企业安心专心用心谋发展创造更加有利的制度环境。

提出进一步激发和保护企业家精神

习近平同志在报告中指出，"激发和保护企业家精神，鼓励更多社会主体投身创新创业。建设知识型、技能型、创新型劳动者大军，弘扬劳模精神和工匠精神，营造劳动光荣的社会风尚和精益求精的敬业风气"。党的十八大以来，党中央非常关心企业家队伍成长和作用发挥，高度重视企业家精神培育和民营经济发展。2014年11月，习近平主席在亚太经合组织工商领导人峰会上指出，我们全面深化改革，就要激发市场蕴藏的活力。市场活力来自于人，特别是来自于企业家，来自于企业家精神。2015年12月，他在中央经济工作会议上提出：企业家在推动经济发展中发挥着重要作用，要为企业家营造宽松环境，用透明的法治环境稳定预期。2016年7月，他在主持召开经济形势专家座谈会时提出，要加快培养造就国际一流的经济学家、具有国际视野的企业家。2017年4月，中央深改组第三十四次会议强调，企业家是经济活动的重要主体，要深度挖掘优秀企业家精神特质和典型案例，弘扬企业家精神，发挥企业家示范作用，造就优秀企业家队伍。2017年9月，中共中央、国务院印发《关于营造企业家健康成长环境弘扬优秀企业家精神更好发挥企业家作用的意见》，充分体现了以习近平同志为核心的党中央对企业家群体、企业家精神、企业家作用的高度重视。《意见》提出了一系列重要理论观点、政策举措和制度安排，把民营企业家作为企业家队伍的重要方面，对做好民营企业家教育引导工作提出了明确要求。习近平同志在党的十九大报告中再次强调激发和保护企业家精神，对于全社会正确认识和弘扬优秀企业家精神，营造尊重企业家、尊重纳税人、尊重创新创业者的良好环境，有效激发市场主体活力，促进经济社会平稳健康发展具有十分重要的意义。

提出要构建"亲""清"新型政商关系

习近平同志在报告中指出,"构建'亲''清'新型政商关系,促进非公有制经济健康发展和非公有制经济人士健康成长"。政商关系是一个十分复杂的社会关系,涉及政治、经济、文化和社会等方面。构建新型的政商关系,对于营造良好的政治生态、经济生态和社会生态,对于促进非公有制经济健康发展和非公有制经济人士健康成长,具有重大和深远的意义。改革开放以来,我国的政商关系总体上处于良性互动状态,但在一些地方、一些行业、一些领域也不同程度存在着官商勾结、权钱交易等不健康不正常的政商关系。党的十八大以来,党中央加大反腐败力度,查处了一批腐败分子和不法商人,官商勾结现象有所收敛。同时,在一些党政干部中又出现了不敢担当、不愿与企业家联系交往的现象。如何处理好政商关系,成为不少党政干部和民营企业家普遍面临的一道难题,也成为社会普遍关注的一个热点问题。2013年3月,习近平同志参加十二届全国人大一次会议江苏代表团审议时提出,现在的社会,诱惑太多,围绕权力的陷阱太多。面对纷繁的物质利益,要做到君子之交淡如水,"官""商"交往要有道,相敬如宾,而不要勾肩搭背、不分彼此,要划出公私分明的界限。2016年3月4日,习近平同志又进一步明确提出,新型政商关系概括起来,就是"亲""清"两个字。为了推动经济社会发展,领导干部同非公有制经济人士的交往是经常的、必然的，也是必需的。这种交往应该为君子之交，要亲商、安商、富商，但不能搞成封建官僚和"红顶商人"之间的那种关系，也不能搞成西方国家大财团和政界之间的那种关系，更不能搞成吃吃喝喝、酒肉朋友的那种关系。一年多来，各地采取多种措施推动构建"亲""清"新型政商关系，目前"清"的理念不断深入人心，"亲"的氛围不断增强，政商交往的新风尚、新气象正在形成。但是，构建"亲""清"新型政商关系受经济、政治、文化、社会等因素影响，目前基础仍不牢固，权力寻租的土壤没有彻底铲除，资本逐利的本性不会改变，不能腐的体制机制还没有完全建立，构建"亲""清"新型政商关系是一项长期艰巨的任务。习近平同志在党的十九大报告中，再一次要求要构建"亲""清"新型政商关系，必将激励广大党政干部勇于担当、积极作为，既帮助民营企业解决发展中遇到的各种困难和问题，又守住底线不以权谋私；同时，也必将激励广大民营企业家做到洁身自好，遵纪守法办企业、光明正大搞经营，为决胜全面建成小康社会、争取新时代中国特色社会主义伟大胜利作出新贡献。

创新和完善新时代中国特色宏观调控

刘元春

创新和完善宏观调控，是完善社会主义市场经济体制、建设现代化经济体系、实现社会主义现代化的必然要求。习近平同志在党的十八届三中全会、五中全会和党的十九大、2017年中央经济工作会议上提出了创新和完善宏观调控的指导思想、基本思路、重大举措，在过去5年伟大实践的基础上初步形成了新时代中国特色宏观调控理论。新时代中国特色宏观调控理论是习近平新时代中国特色社会主义经济思想的有机组成部分，是新时代做好宏观调控工作的根本遵循。

新时代对中国特色宏观调控提出新要求

习近平同志在2017年底召开的中央经济工作会议上指出，中国特色社会主义进入了新时代，我国经济发展也进入了新时代，基本特征是我国经济已由高速增长阶段转向高质量发展阶段。新时代经济发展阶段的变化，对中国特色宏观调控提出了新要求。

社会主要矛盾转化对传统宏观调控提出挑战。

中国特色社会主义进入新时代，我国社会主要矛盾已经从"人民日益增长的物质文化需要同落后的社会生产之间的矛盾"转化为"人民日益增长的美好生活需要和不平衡不充分的发展之间的矛盾"。社会主要矛盾的转化，对传统的以经济总量和速度为核心的宏观调控提出挑战。传统宏观调控对于解决落后的社会生产条件下经济总量增长问题十分有效，但对于解决发展不平衡不充分问题显得力不从心。新时代中国特色宏观调控聚焦于解决发展不平衡不充分问题，以满足人民日益增长的美好生活需要为出发点和落脚点，以新发展理念为引领，以推动高质量发展为根本要求，不断进行理论创新和实践创新。

经济发展环境变化要求重新审视和把握我国经济发展规律。

进入新时代，我国经济发展形势发生了巨大变化，经济增速从高速转向中高速，经济发展方式从规模速度型转向质量效率型，经济发展动力从传统动能转向新动能。这说明，随着经济发展阶段变化，经济发展规律也随之发生变化。宏观调控不能再简单盯住经济增长速度目标，而必须将重点放在打造新的经济发展动力、提高发展质量上。

经济领域面临的突出矛盾问题要求调整宏观调控理念思路。

当前我国经济面临的问题虽有总量性、周期性问题，但最为突出的问题在于供给侧，表现为供给质量不高、结构不均衡、市场出清困难、发展动力不足。传统宏观调控侧重于短期需求管理，不仅不能解决供给侧结构性问题，反而可能使这些问题恶化。因此，突破短期需求管理框架，更多转向供给侧，更多采用结构性工具，加强财政、货币、产业、区域等政策协调配合，是新时代中国特色宏观调控的创新方向。

实现新时代中国特色社会主义发展的战略安排要求全面提高宏观调控战略性。

党的十九大报告提出新时代中国特色社会主义发展的战略安排，要求在 2020 年全面建成小康社会的基础上再奋斗 15 年，基本实现社会主义现代化；到本世纪中叶把我国建成富强民主文明和谐美丽的社会主义现代化强国。实现这一战略安排，要求突破"宏观调控主要是逆周期总量调节的短期调控"的西方教条，克服宏观调控短期化困境，充分发挥国家发展规划的战略导向作用，不断创新各种政策工具，使宏观调控在目标、手段、工具以及实施模式上与国家战略规划相匹配。

经济环境复杂化要求进一步加强党对经济工作的集中统一领导。

我国经济发展进入新时代，宏观调控不仅要关注稳增长，而且要关注促改革、调结构、惠民生和防风险；不仅要调整一般市场主体的经济关系，而且要从制度层面调节各种利益关系。因此，过去"工具与目标匹配"的分类治理方法难以从根本上协调各种利益关系、统筹各项目标、形成调控合力。只有进一步加强党对经济工作的集中统一领导，才能超越部门局限，突破市场失灵与政府失灵双约束，促进经济社会持续健康发展。

新实践推动中国特色宏观调控理论创新

党的十八大以来，以习近平同志为核心的党中央在综合分析世界经济长周期和我国经济发展新规律的基础上，在宏观经济领域不断推进改革创新，保证了我国经济社会持续健康发展，为习近平新时代中国特色社会主义经济思想增添了重要内容。

5 年来，我国在稳增长、促改革、调结构、惠民生、防风险等领域取得的历史性成就，充分证明以习近平同志为核心的党中央对我国宏观经济形势的判断、宏观调控思路的调整、宏观政策工具的创新以及关键时刻的宏观决策是科学的、正确的。我国经济发展在党中央的领导下有力回击了国际上"做空中国""中国崩溃论""中国经济硬着陆论"等唱衰声音，国内生产总值从 54 万亿元增长到 82.7 万亿元，年均增长 7.1%，占世界经济的比重从 11.4% 提高到 15% 左右，经济实力再上新台阶。经济结构调整取得突破，大踏步朝着多年想实现而没有实现的结构调整目标前进。5 年来，消费贡献率由 54.9% 提高到 58.8%，服务业所占比重从 45.3% 上升到 51.6%，成为经济增长主动力；装备制造业和高技术制造业持续保持年均两位数增长，实体经济结构显著改善。在全面深化改革方面，一些关键性、基础性改革取得重大突破，特别是在供给侧结构性改革的推动下，解决了很多难点问题，对提高市场配置资源的效率和全要素生产率起到了关键性作用。在惠民生方面，5年来，就业增长超预期，城镇新增就业6600万人以上，居民收入年均增长7.4%，贫困人口减少6800多万，贫困发生率由10.2%下降到3.1%，人民生活水平大幅度提高。这些巨大成就的取得，证明习近平新时代中国特色社会主义经济思想不仅具有理论上的科学性，而且具有扎实的实践基础，是深入把握中国经济规律、有效解决中国经济问题的中国特色社会主义政治经济学的最新成果。以习近平新时代中国特色社会主义经济思想为理论基础构建的中国特色宏观调控理论，是解决当代中国宏观经济问题的总钥匙。

5年来，宏观经济领域的各项具体创新，极大推动了中国特色宏观调控理论创新。第一，加强党对经济工作的集中统一领导，全面提高宏观调控的科学性并加大实施力度。第二，以高质量发展为根本要求，创造性地将宏观调控目标扩展为稳增长、促改革、调结构、惠民生、防风险，统筹各类长期目标和短期目标。第三，破除西方危机管理的强刺激教条，放弃"大水漫灌"的调控模式，创造性地确立了区间调控思路，明确经济增长合理区间，在区间调控的基础上采取定向调控、相机调控、精准调控等新举措。第四，超越西方教条，依据国家中长期发展规划目标和经济改革目标实施短期宏观调控，确保短期宏观调控保持战略定力、服务于现代化建设和民族复兴大局。第五，通过全面深化改革，重构宏观经济政策实施的微观基础和制度环境。比如，把宏观审慎政策作为与财政政策、货币政策并行的三大宏观经济政策之一；创新货币政策工具，将社会融资规模纳入中间管控目标，有效克服了过去简单依据外汇储备占款发行货币带来的各种问题；对地方债务融资总额设定上限，加强地方融资平台管控；完善社会主义市场经济体制，为宏观调控创造良好环境。第六，根据宏观经济面临的主要矛盾和问题，深入推进供给侧结构性改革，要求宏观调控不仅关注需求侧，而且关注供给侧；不仅着眼总量管理，而且关注结构性问题；不仅从一般性的政策实施入手，而且从体制机制改革入手；不仅关注短期波动，而且重视提升中长期经济增长潜力和培育新动能；不仅关注金融风险，而且关注金融切实服务实体经济。第七，形成了稳中求进工作总基调，保证我们在进行宏观形势判断、宏观战略把握、宏观政策选择以及具体政策实施过程中把握好时度效。

以新思想指导新时代中国特色宏观调控创新

党的十八大以来，伴随着中国特色社会主义和我国经济发展进入新时代，中国特色宏观调控实现了革命性创新。当前，应以习近平新时代中国特色社会主义经济思想为指导，紧扣我国社会主要矛盾变化，按照高质量发展的要求，进一步创新和完善中国特色宏观调控。

坚持加强党对经济工作的集中统一领导，全面提高宏观调控的战略性、系统性、协同性。要增强"四个意识",坚决反对经济工作中的分散主义、自由主义、本位主义、山头主义、地方保护主义,防止不切实际定目标,更不能搞选择性执行。应在完善党的十八大以来形成的中央政治局常委会、中央政治局定期研究分析经济形势、决定重大经济事项和中央财经委员会(领导小组)及时研究重大经济问题、中央全面深化改革委员会(领导小组)及时研究经济领域改革问题等新制度基础上,进一步探索党领导宏观调控的信息汇总体系、研究分析体系、决策体系和实施执行体系,使之更加制度化、规范化、科学化。

深化基础性改革,为宏观调控有效实施创造良好环境。

宏观政策传导渠道不畅、实施效率不高是宏观调控长期存在的主要问题。应通过深化基础性改革、改善宏观政策传导机制,为宏观调控有效实施创造良好环境。例如,通过财税体制改革增强财政政策的自动稳定器功能,通过汇率形成机制改革增强汇率制度的防波堤功能,通过利率市场化改革提高价格型货币政策工具的效率,通过金融体制改革和市场秩序整顿提高宏观审慎政策效率,通过国有企业改革构建高质量发展的微观基础,等等。

坚持以供给侧结构性改革为主线、以高质量发展为根本要求,进一步完善宏观调控功能。

新时代中国特色宏观调控必须坚持质量和效率导向,把着力点放在实体经济上,推动质量变革、效率变革、动力变革,推动高质量发展。应以供给侧结构性改革为主线,把握好需求管理的节奏和力度，全面完善新时代中国特色宏观调控在总量侧、结构侧、需求侧、供给侧等各方面的功能。增强国家规划对短期宏观调控的战略导向作用，聚焦"两个一百年"奋斗目标分解年度任务和指标，健全财政、货币、产业、区域等政策协调机制，提升各种宏观政策工具的预期引导功能。

坚持稳中求进工作总基调，与时俱进地理解"稳"与"进"的内涵。

在不同经济发展阶段，宏观经济"稳"的标准和内涵不同，底线管理的标准也不同。同时，随着供给侧结构性改革和基础性改革深入推进，"进"的内涵也会发生变化。因此，需要与时俱进地理解"稳"与"进"的内涵，根据当时发展形势科学确定"稳"与"进"的具体目标。

信息化精准扶贫的探索与实践

——以中国移动获联合国奖项为例

李慧镝

"十三五"时期是全面建成小康社会的决胜阶段,也是脱贫攻坚啃硬骨头的冲刺阶段。党的十九大擘画了人民幸福、民族复兴的宏伟蓝图,开启了全面建设社会主义现代化国家新征程,对脱贫攻坚提出了新任务、新要求。举全党全国全社会之力,打赢脱贫攻坚战,在中华民族历史上整体解决贫困问题,这是以习近平同志为核心的党中央向国内外做出的庄严承诺,事关巩固党的执政基础,事关国家长治久安,事关人民福祉,事关乡村振兴战略的落地实施,具有重大政治意义和深远历史意义。

党的十九大以来,习近平总书记在多个重要会议、重要场合,反复强调打好脱贫攻坚战,重视程度和推进力度之大,投入时间和精力之多,充分体现了以习近平同志为核心的党中央打赢脱贫攻坚战的决心和力度。习近平总书记指出,务必深刻认识深度贫困地区如期完成脱贫攻坚任务的艰巨性、重要性、紧迫性，全社会要行动起来，尽锐出战，精准施策，不断夺取新胜利；要按照"四个切实""六个精准""五个一批"要求，做到真扶贫、扶真贫、真脱贫。

面向党中央"确保到 2020 年我国现行标准下农村贫困人口实现脱贫"的庄严承诺，面向习近平总书记"把增进人民福祉作为信息化发展的出发点和落脚点"的伟大号召，面向新时代国有企业承担的重大历史使命，面向国资委对中央企业坚决贯彻落实中央脱贫攻坚决策部署的工作要求，中国移动紧紧抓住建设网络强国、数字中国、智慧社会的时代契机，增强政治担当、责任担当和行动自觉，聚焦扶贫重点，加大资源投入，努力在脱贫攻坚战中走在前面、作出表率，在促进全体人民共

中国移动员工为贫困群众和驻村扶贫干部提供信息技术服务

同富裕中体现作为、彰显价值。工作中，中国移动积极发挥自身通信信息技术优势，明确了人员到位、责任到位、工作到位的要求，着力以新型信息化技术弥合数字鸿沟，应用"互联网+"搭建扶贫平台，助推精准脱贫政策落地见效，让贫困人口共享移动互联网发展的红利，推动扶贫工作搭上数字经济发展的快车。

一、中国移动在推进农村地区信息基础建设方面的努力

中国移动是全球网络和用户规模最大的运营商。作为中央骨干企业，一直在为改善人民生活、推动社会进步、实现可持续发展目标而努力。通过建设世界一流的信息基础设施，全方位扩大连接规模，为群众提供更优质的连接服务。截至目前，中国移动在全国范围内开通了 330 多万个基站，其中 4G 基站 190 多万个。从城市到农村、从高速到高铁、从海岛到雪山，中国移动为 9 亿多用户提供高质量的移动通信服务，惠及地球 1/5 人口，还为近 1.2 亿户家庭提供了有线宽带连接，为 600 多万家企业提供行业信息化服务。同时，中国移动以"成为数字化创新的全球领先运营商"为战略愿景，不断创新连接应用，智能物联网连接数已达 3.8 亿，为社会提供了丰富的数字化产品和服务，促进了经济社会的融通发展。

作为基础通信运营领域的中央企业，中国移动始终在思想上、政治上行动上同党中央保持高度一致，不忘初心，坚持为人民服务的根本宗旨，秉承"正德厚生，臻于至善"的企业核心价值观，一直以来切实履行央企的政治责任、经济责任、社会责任，致力于推动将信息通信从最初部分人享有的有限资源，变成当今惠及广大百姓的普遍服务，并越来越成为支撑经济发展、改善社会民生的重要引擎。

在党中央和国务院的坚强领导下，中国移动着眼于解决通信信息领域内人民群众日益增长的美好生活需要和发展不平衡不充分的矛盾，主动作为，主动担当，开展了电信普遍服务工程、打击通信信息诈骗和治理不良信息、乡村教师培训和救助先心病儿童公益项目、落后地区对口支援和定点帮扶、信息化助力精准扶贫等方面主动作为，开展了一系列社会治理和公益活动。全体移动人以坚定的信念和扎实的行动，忠实履行党和国家赋予的使命，努力回报社会各界和广大消费者的厚爱。

精准扶贫是近年来企业履行社会责任的重要领域。中国移动长期致力于缩小城乡数字鸿沟，以信息化方式助力农村贫困地区实现经济社会的持续发展。多年来，投入大量资源，开展了富有实效的工作，主要包括：

（一）实施电信普遍工程，为贫困乡村提供基础通信与网络服务。截至目前，已累计投入 497 亿元，为 12.2 万个边远村庄接通了电话，为 5.9 万个村庄接通了宽带，帮助这些区域成功跨越数字鸿沟。

（二）制定扶贫资费优惠政策，降低贫困群众通信服务使用门槛。针对低收入群众持续推广超低价套餐和家园卡，惠及用户超过2亿人。在对口帮扶地区，中国移动还专门推出专属资费优惠，根据当地经济发展情况和用户使用习惯，推出本地化的精准扶贫举措，建立跟踪机制，常态化跟踪贫困地区消费变化，动态调整资费扶贫策略。利用信息化手段，联合其他地区学校、医院等，建立互访机制和结对帮扶关系，进行远程教学、远程医疗交流等。广大贫困户通过互联网能够获取源源不断的生产技术知识、市场供求等各类信息，为脱贫致富提供了可靠的通信保障。

（三）援建对口地区扶贫工作，实现援建地区综合提升发展。2002年至今，中国移动对口支援和定点扶贫项目覆盖了西藏、青海、黑龙江、新疆、海南5省区共8个县，在扶贫工作重点攻坚的"三区三州"地区承担了5个对口支援和定点扶贫县任务，分别为西藏阿里地区改则县、青海果洛地区玛沁县以及新疆洛浦县、疏勒县、阿克陶县。在对口支援过程中，中国移动始终坚持"以民为本、科学规划、突出重点、持续发展"的援助思路，尽企业之力至诚扶贫。截至2017年底，共派驻15批25名扶贫干部，已投入对口支援和扶贫资金4.3亿元，联合当地政府共开展了教育发展、民生改善、农业产业、文化建设等百余个惠民项目，积极改善了当地贫困群众生活水平。同时，中国移动各省级公司承担了地方政府安排的92个县、117个乡、1628个村（非包含或重复关系）的扶贫任务，共计输送挂职干部676人，其中"第一书记"384

中国移动以信息化平台和到村入户的客服体系助力贫困群众脱贫

人，在民生改善、产业扶持、基础设施建设方面也作出诸多贡献。

（四）自主研发了精准扶贫系统，提升精准扶贫工作信息化水平。自 2015 年起，中国移动采取"互联网＋精准扶贫"思路，经过持续投入、多次迭代，建设推出了精准扶贫系统，并依托信息技术优势和进村入户的服务体系，派出模范党员和专业化支撑工作团队深入贫困地区，以驻村方式提供服务超过 500 天，努力为一线扶贫干部脱贫攻坚工作提供便捷工具与有力支撑，让更多困难群众用一部手机获取扶贫资源，用一部手机让农产品走出乡村，为贫困群众搭建起了脱贫致富的信息通路。

二、中国移动精准扶贫系统建设的创新实践

中国移动深刻领会习近平总书记"实施网络扶贫行动，推进精准扶贫、精准脱贫"的重要指示精神，认真学习中央网信办印发的《网络扶贫行动计划》，基于对精准扶贫工作的认真学习和深入研究，于2015年底推出了精准扶贫系统，2016年初率先在河南省濮阳市试点运行，其后，紧跟党中央、国务院及各部委提出的《"十三五"期间脱贫攻坚工作规划》《关于解决扶贫工作中形式主义等问题的通知》等要求，投入开发资源，在政策出台一至两个月内完成对应的远程指挥、动态数据管理、干部工作管理、工作效能评估、社会资源接入、扶贫电商等功能上线，积累了丰富的精准扶贫信息化经验。

2017年，中国移动深入开展了精准扶贫系统建设推广工作，截至目前，精准扶贫系统已在全国9省区59个市县落地实施，为718万贫困百姓和71.5万扶贫干部提供了精准服务，该系统以信息化技术服务国家政策落地、服务百姓增收脱贫的理念和实践，得到了各界的肯定与支持。国家审计署、国务院扶贫办等国家部委派出代表前往精准扶贫系统落地地区进行了专题调研并予以肯定，国家发改委授予精准扶贫系统"智慧城市惠民服务优秀案例"荣誉称号，中央电视台《新闻联播》节目专题报道了精准扶贫系统的落地成效，全国81家新闻媒体也先后从不同角度进行了宣传报道，最可欣慰的是接连收到贫

央视《新闻联播》专题报道精准扶贫系统落地成效

困群众的来电来函，以锦旗、感谢信的方式印证了精准扶贫系统的扶贫实效。

2018 年 3 月，由联合国教科文组织、联合国开发计划署与国际电信联盟共同举办的 2018 年信息社会世界峰会（World Summit on the Information Society）在瑞士日内瓦召开。该会议是信息和通信技术促发展领域规模最大的全球盛会，旨在对世界各地利用信息通信技术致力于可持续发展目标的创新型项目予以表彰。2018 年，全球提交项目共计 685 个，创历史新高。经严格评选，最终 18 个项目分获 18 个不同类别的最高项目奖（每个类别 1 个），其中精准扶贫系统荣获"电子政务类别最高项目奖"，也是我国今年唯一获此殊荣的项目，代表了联合国等国际组织对中国精准扶贫工作和信息化建设取得重大

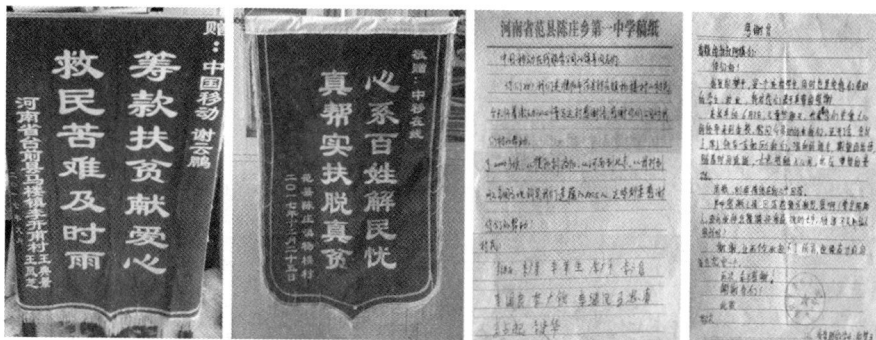

精准扶贫系统通过开放能力，为贫困群众解决实际问题

成就的高度认同，为全球扶贫减贫事业贡献了中国智慧，提供了中国经验。

（一）精准扶贫系统的建设思路

习近平总书记指出，"要坚持专项扶贫、行业扶贫、社会扶贫等多方力量、多种举措有机结合和互为支撑的三位一体大扶贫格局"。这一格局的形成，需要在政府各级行政部门、社会扶贫力量和贫困地区困难群众间形成有效交流机制。基于这一要求，精准扶贫系统通过互联网，实现不同种类、不同来源数据端对端的扁平化传递和标准化整合，助推形成"纵贯行政体系到底、横联行业部门到边、社会资源精准对接需求"的扶贫工作机制，以推动多种渠道信息和资源聚合，发挥出强大的综合效应。通过网络，让扶贫干部、贫困群众少跑腿，让信息多跑路，全力提高扶贫工作效率，更好地落实国家"三位一体"的大扶贫战略。

在研发和推广的过程中，中国移动坚持"精益创业"的

精准扶贫系统荣获联合国 2018 年信息社会世界峰会最高项目奖，国际电信联盟赵厚麟秘书长颁奖

方式，一边敏捷开发，一边验证贫困人口和基层政府的切实需要，稳扎稳打，对精准扶贫工作中的难点逐个攻坚并固化为系统能力。

（二）精准扶贫系统解决的关键问题

为了发挥自身业务优势助力国家精准扶贫工作，中国移动对扶贫工作进行了深入调研，聚焦于通过信息化方式解决扶贫领域信息对称难、动态管控难、供需匹配难的三大难题，努力实现扶贫信息精准推送、扶贫数据准入真出、扶贫资源供需见面：一是扶贫中信息不对称问题。在当下扶贫工作中，由于大部分贫困群众生活在交通相对不便的农村地区，政府扶贫人员、社会爱心人士、爱心企业难以实时了解到贫困群众的真实需求，往往出现扶贫资源错配、帮扶资源无法发挥效能等问题，如爱心企业捐赠钢琴等教学器材，而贫困地区学校却没有会弹奏的音乐教师；再比如帮扶单位捐赠彩色电视，而贫困地区收不到信号无法使用等。扶贫政策、资源、项目等信息需在政府、社会、贫困群众之间充分流动，信息充分共享，才能够有效助力精准扶贫工作顺利开展。二是专注于数据动态管控难问题。传统扶贫工作中，纸质版档案材料填写是各级政府面临的难题之一，由于数据标准不统一、口径更新变化快等原因，基层扶贫干部需花费大量时间整理和维护贫困村、贫困户和贫困群众的纸质版档案，据项目团队实地调研测算，帮扶干部、驻村"第一书记"用于填写、修正、删改、更新、印刷纸质版贫困群众档案的时间，平均占据其有效工作时间的 30% 左右。三是扶贫领域供需匹配难问题。目前，我国多个政府部门投入了多种、大量的资源来扶贫，社会上的公司、公益机构、个人

精准扶贫系统打造信息化平台，助力基层政府科学决策

广泛融入大数据、互联网等技术，为扶贫工作带来变革

也愿意伸出援助之手，但是，贫困群众是否知道有什么资源可以用？怎样用？如何获得？贫困群众需要一个平台，能够随时随地了解到适用于自身的尽可能多的资源信息，解决实际困难，实现更好发展。

（三）精准扶贫系统的使用对象

精准扶贫系统充分继承中国移动"连接"的核心能力，实现了贫困群众和帮扶力量线上交互和对接，激发精准扶贫工作新动能。一是为各级政府领导提供数据管理、数据分析抓手。基层政府借助精准扶贫系统，依托扶贫基础数据的综合分析，精准地分析出目前扶贫工作重点、难点，通过远程调配资源，实时监测为群众解决问题进度，用科学的数据为扶贫工作提供有力支撑。二是为扶贫干部提供在线办公、资源链接、数

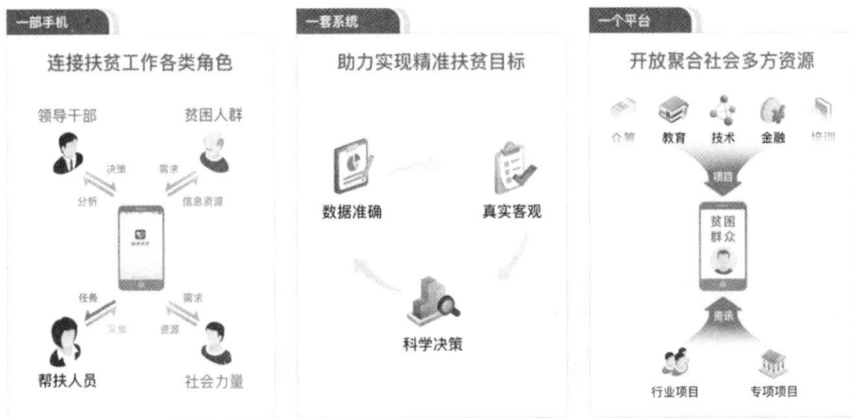

据动态管理的智能化互联网工具。基层扶贫干部通过精准扶贫手机 APP，在村里即可实时了解扶贫政策，深入了解贫困群众情况，并利用移动办公工具，减少填表、维护数据的时间成本，将更多的精力投入具体扶贫工作中。三是为贫困群众提供信息对称、主动求助、获取资源的"扶贫百宝箱"。贫困群众通过系统可以随时随地便捷地了解到政府扶贫及社会各类组织提供的社会资源，可以有针对性地发布求助信息、在线上申请扶贫项目，实现从"要我脱贫"向"我要脱贫"的思想转变，逐渐培养其主动寻找资源的内生动力，从而稳步实现长期稳定的增收脱贫。四是为社会爱心人士、责任企业、专业机构提供对接贫困人口真实需求的信息平台。各类社会力量在精准扶贫系统中可以随时随地地了解经过政府验证的贫困群众真实求助需求，真帮实扶，逐渐形成相互信任、良性循环的公益扶贫生态。

（四）精准扶贫系统的核心功能

精准扶贫系统包括两个子系统：一是精准扶贫 APP。具有新闻公告、到村签到、贫困户信息、工作台账、项目管理、工作报告、社会资源等十余项功能，主要服务一线帮扶人员与贫困群众。二是精准扶贫管理分析云平台。对扶贫数据进行动态管理与维护，展现可视化数据与图表，为政府扶贫资源的精准投放提供数据支撑，提供针对帮扶干部个人或所属区域的管理工具，进行智能评估。

基于"前端智能化、后端集中化"的设计理念，系统主要承载了八项核心功能：一是智能数据校验功能。扶贫工作中，保障基础扶贫数据动态准确是一项重要而艰巨的工作。精准扶贫系统通过大数据能力解决了人工数据校验耗时长和不准确的问题。该功能拥有上百条数据处理逻辑，用算力取代人工，让海量数据处理变得更高效、更精准。二是智能评估模型功能。通过大数据画像和标准建模方式，创新解决了扶贫干部工作评估、贫困群众脱贫进度评估耗时较长与标准不一致的问题，提供智能服务框架，满足各级政府快速搭建契合自身工作需求的评估模型，让工作评价更智能、更客观。三是智能工作报告功能。通过对存量数据的整合和分析，全面展现地区、责任单位、扶贫工作队乃至每名干部在某一时段内的工作成果，比对核心指标前后变化，省时省力地实现扶贫工作定期复盘。四是足迹化电子档案功能。扶贫工作点多面广，如何全面体现工作过程及成效是基层政府工作中的长期痛点，基层扶贫干部通过精准扶贫系统，可利用碎片化时间记录扶贫工作的全过程，用足迹化电子文档替代纸质文档，提升了基层工作的效率，节省了行政资源。五是实时性数据洞察功能。传统方式采用人工对扶贫数据进行统计与分析，耗费了基层大量时间和精力；精准扶贫系统通过可视化报表方式，实现横跨省、市、县、乡、村五级的逐级下钻，实现了无障碍的各级数据实时透视。六是扶贫工作电子地图化功能。精准扶贫系统应用 GIS 地图直观展现贫困户位置，具备多维度分析能力，用于按照多标签筛选，快速找到特定贫困群体。例如在地图上精准显示缺电、未安装自来水的贫困群众聚集区，可协助政府迅速调集专业资源，进行有针对性的帮扶工作，为实现扶贫资源和贫困群众的精准对接提供了便利的分析工具。七是扁平化信息传递功能。贫困地区山高路远、交通不便的情况下，扶贫政策、资源信息无法快速向下传达，贫困户求助需求、农产品售卖信息缺乏渠道向上传递，造成了信息的双向阻滞，精准扶贫系统建立了统一信息接口，在线聚合各类信息，通过信息扁平化的传递让工作更省力、更高效，节省了大量的人力物力。八是主动式多元扶贫生态功能。精准扶贫系统利用大数据工具，对政府扶贫资源和社会帮扶项目进行自动抓取和整理，精准匹配贫困群众的现实需要，进行自动筛选推荐，如向"因学致贫"的贫困家庭推送社会助学金的介绍、申请方式等，改"授人以鱼"为"授人以渔"，让贫困群众充分发挥主动性，通过多种渠道增收脱贫。

（五）精准扶贫系统的应用实效

基于以上核心功能，通过在贫困地区近两年的实际应用，精准扶贫系统充分体现出了便捷性和一体化的优势：一是实现了一个平台上对贫困群众和扶贫干部的精准服务。河南省濮阳县李白邱村的贫困群众李道凯因病致贫无力医治，通过精准扶贫系统了解到了大病救助项目信息，获得 6.8 万元众

精准扶贫系统发起电商公益扶贫行动，帮助贫困群众销售莲藕

筹捐助后成功治愈疾病，现已在畜牧养殖专家的在线指导下，养殖獭兔，走上了脱贫致富之路。截至目前，精准扶贫系统已沉淀各类资讯6万余条，超过2000万字，保证了最新扶贫资讯的快速传达。二是实现了在一个平台上对贫困群众和扶贫力量的精准连接。2017年1月，河南省范县杨楼村的贫困群众种植的莲藕出现大规模滞销，精准扶贫系统通过电商方式在网上销售了近10吨，参与种植的23户贫困户，每户增收4000余元，此后，当地村民在精准扶贫系统上学习了解到其他地区莲藕产业发展典型案例，目前已经开始生产莲子、藕粉等产品，运用精准扶贫系统实现了稳定增收和产业发展。截至目前，扶贫干部共分享推送各类精准项目信息12678条，通过有效的公益信息传播，做到了有的放矢，靶向推送，把脱贫的信息和希望送进贫困群众家里，把政府的关怀和社会的温暖送到贫困群众的心上，让贫困群众鼓起努力奋斗的勇气，坚定脱贫致富的信心。三是实现了在一个平台上对社会化扶贫资源的精准聚合。河南省南乐县温吉七村小学，所处地势低洼，操场地势低于校外路面，无下水道可供排水，每逢下雨天气，小小的学校就是一片泽国。精准扶贫系统在网上发起了"温吉七的坑洼操场"筹款项目，得到了全国共152位网友和两家知名公益基金会为学校筹集的所需资金共29150元，目前，温吉七小学的硬化操场与排水系统已经修缮完毕，学生们有了硬化操场，提升了整体教学环境。2017年，仅河南省濮阳市就已通过精准扶贫系统获得全国网友帮扶超过4.5万人次，2245名贫困群众享受到了网络公益的支持，解决了实际问题，政府、社会力量帮扶工作有了导航图，贫困群众脱贫通了一条信息路。四是实现了在一个平台上对扶贫动态数据的精准管理。云南省丽江市玉龙纳西族自治县信访局副局长赵承强，驻该县黎光村开展扶贫工作，自 2017 年 5 月起，积极使用精准扶贫系统，每天在精准扶贫 APP 上记录工作日志，截至 2018 年 3 月，已经记录了 1400 余篇日志，上传 3000 余张照片，清清楚楚地记录和保存了黎光村每一户贫困群众的脱贫进程和时间痕迹，这份宝贵的民情资料得到了村民的一致认可和好评。截至目前，精准扶贫系统已经沉淀扶贫干部撰写的扶贫记录 200 余万条，深刻地记录了落地地区脱贫攻坚战的进程和全貌。五是实现在一个平台上对扶贫大数据的精准共享。在河南省台前县，精准扶贫系统及时响应政府需求，将台前县扶贫办管理的"建档立卡贫困人口数据库"与台前县教育局主管的"中小学生学籍数据库"进行了分析比对，从中找出了 642 位来自建档立卡贫困家庭的中小学在校生，并通过互联网与社会爱心人士和爱心企业进行了精准对接，让社会公益的力量精准投放到有需要的贫困群众身上。下一步，精准扶贫系统还将进一步加强与落地地区政府的合作，与地方民政、教育、卫生、公安、住建、工商等部门进行数据共享，充分发挥数据的力量，驱动扶贫工作向实处着力、向深处发展。

三、中国移动推动信息化精准扶贫的下一步展望

2018 年 1 月，党中央、国务院印发了《关于实施乡村振兴战略的意见》。文件强调，"实施数字乡村战略，做好整体规划设计，加快农村地区宽带网络和第四代移动通信网络覆盖步伐，开发适应'三农'特点的信息技术、产品、应用和服务，推动远程医疗、远程教育等应用普及，弥合城乡数字鸿沟"。这为中国移动下一步推动信息化精准扶贫工作提供了前进方向和行动指南。

（一）加快构建新一代信息基础设施，为落实乡村振兴战略提供坚强支撑

网络是信息社会的基础，也是中国移动发挥力量、服务乡村振兴战略落地、精准扶贫工作开展的主战场。中国移动将加大网络基础设施建设项目资金投入力度，重点向国家级贫困县特别是深度贫困地区倾斜，着力建设完善安全、泛在、高速的无线宽带网和光纤网络，加快实施贫困村基础网络建设，改善贫困地区互联网发展基本条件，提高电信普遍服务水平。重点围绕贫困地区信息化发展需求，积极做好光缆系统扩容，推动城乡网络的互联互通，更好地支撑乡村振兴战略落地。

（二）出台资费优惠政策，让农村贫困地区群众用得上用得起用得好通信信息服务

针对不同的服务对象提供相应的优惠业务资费。针对建档立卡贫困群众，专门研究制定优惠套餐资费，让贫困群众能够上得了网、用得起网，通过频繁"触网"，建立与数字化时代的连接，弥合信息堕距，缓解信息贫困；针对贫困人口、帮扶干部和社会各界爱心人士，中国移动提供优惠的前后向定向流量资费套餐，补贴、鼓励社会爱心力量和政府部门通过互联网下基层，与贫困群众展开广泛互动，把党和国家的温暖通过稳定、流畅的信号传递到贫困群众的手边、心上。

积极开发扶贫终端产品，向建档立卡贫困群众提供简单易用、质优价廉、种类丰富的终端产品，提供终端补贴优惠政策。创新终端推广模式，在各级扶贫部门的政策支持下，共同动员有关企业和爱心人士向建档立卡户捐赠智能终端产品；共同动员各级政府采用"政府贴一点、移动让一点、用户出一点"的模式，推动贫困地区移动终端普及。

（三）进一步加大精准扶贫系统推广力度，覆盖并惠及更多贫困群众

让中国移动信息化能力惠及更多的贫困地区、贫困人口和扶贫工作者。一是主动开拓。进一步加强主观能动性，在国务院扶贫办等政府部门的支持和指导下，将现有精准扶贫系统打造成为支撑全国的一体化云平台。建立与政府间的大数据合

作机制，推动完善扶贫工作大数据画像，强化大数据对精准扶贫工作的实际指导效能，做到帮扶资源与信息精准投放。积极响应各地、各级政府扶贫部门扶贫工作需要，为各地区脱贫攻坚提供信息化支撑服务。今年3月，中国移动已结合新疆维吾尔自治区独特的情况和扶贫工作具体需求，在精准扶贫系统的基础上，改造开发了"民族团结一家亲"平台，通过双语新闻、最美故事、典型引领、双语学习等多个定制功能，服务奎屯等地1万余位贫困群众，并总结优秀案例经验，向哈密、伊犁等7个地市进行产品、服务推广。二是主动探索。在精准扶贫系统基础上谋划"互联网+"农业产业链融合，探索新产品、新服务、新体系。对标乡村振兴战略的具体要求，在精准扶贫系统已有的广泛触点基础上，顺势而为，聚焦"三农"问题，主动运用自身优势，与农业产业领域优势企业携手并肩，通力合作，探索"互联网+"农业产业链融合，全方位应用各类新技术，探索新产品、新服务、新体系，面向当地政府，支撑各级管理人员实时掌握各类农业信息，提供精准决策、有效施政的系统化支持；建立补贴申请等线上线下智能服务渠道，实现农民农事马上办、全程办、少跑快办，用新技术为农民办实事。不仅帮助农民摆脱贫困，更为农户赋能、助力农业弯道超车，实现创新增长、健康发展。三是主动连接。广泛对接社会爱心力量和社会扶贫资源，为基层政府和贫困群众提供更多脱贫实用资源和路径。邀请专业社会公益机构、社会精英、社会工作者和公益明星入驻平台，提供涵盖农业技术、职业培训、法律援助、远程医疗、分级教育等门类的资源信息，带动社会爱心人士和中坚力量共同参与大扶贫。发挥中国移动技术、用户、渠道优势，结合中国移动发起的"蓝色梦想——中国移动教育捐助计划""爱'心'行动——贫困先心病儿童救助计划"等现有项目，在贫困群众中进行精准推送，以实际行动支持社会扶贫事业的开展。四是主动推广。借助在联合国荣获最高项目奖的良好契机，主动学习借鉴其他国家先进经验，获得联合国等国际组织的进一步支持，伴随着我国政府共建"一带一路"的深入推进，协助国家将优秀的信息化成果推广到"一带一路"沿线的国家和人民，让更多的国家、社会力量关注到这些可持续发展问题，为全球的扶贫、减贫事业贡献一份力量。

（四）融合 AI 等先进技术，大力开拓面向农村农业农民的新型数字化服务

拓展乡村新兴信息服务业态，以连接为触点，不断拓展电子商务、多媒体应用、生活服务等业务领域在农村的布局。推动物联网在农村地区的试点推进和规模发展，做大垂直行业应用，持续提升面向农村用户的电子商务、文化教育、医疗健康、交通物流等重点行业"互联网＋"整体解决方案和服务能力。一是开展"互联网＋"教育。充分整合应用中国移动产品能力，支持开展"互联网＋教育扶贫"模式。旨在为深度贫困地区学生提供远程教育服务；为深度贫困地区人民教师提供在线培训课程和在线交流学习平台。为建档立卡贫困户、扶贫干部、创业致富带头人、村级信息员等相关人员提供针对性的

网上培训课程和服务；针对基层干部队伍建设重点，为基层干部、驻村干部和村"两委"提供线上学习平台和内容，加强贫困地区、扶贫系统的党建和干部培训工作。二是开展"互联网+"医疗。以贫困地区帮扶需求为基础，结合中国移动在医疗领域的服务和能力，在各级扶贫部门的指导和协助下，同贫困地区相关部门、医院进行合作。积极搭建医疗云平台，通过区域医卫、远程医疗、基层医疗、居民健康管理及健康医疗大数据等产品与服务，促进医疗服务向贫困人群的覆盖与延伸，增强群众获得感。三是推进文化扶贫合作。整合中国移动相关内容运营能力，在扶贫微视频、扶贫直播、数字教育扶贫、扶贫公益活动等文化扶贫方面与贫困地区基层政府开展合作，扩大社会扶贫影响力。四是推动扶贫电子商务进农村。整合中国移动相关资源和各级基层政府电商扶贫工作力量，在国务院扶贫办、商务部等政府部门指导和支持下，支撑贫困地区电商企业大力发展示范网店，推进"互联网+"电商精准扶贫工程，支持本地区电商企业发展。鼓励省级移动公司会同扶贫部门，结合当地实际情况，助力本地区电商扶贫工作。组织协调各属地分支机构，结合当地扶贫实际需求及资源情况，复用中国移动现有镇级、县级及以上营业设施和资源，协助贫困乡村建立电商扶贫信息服务站，承担电商扶贫服务中心和运营商服务网点的双重作用。积极探索支持符合中国移动积分商城准入要求的扶贫电商产品接入中国移动积分商城，号召广大网友捐赠积分帮扶贫困群众。

　　功崇惟志、业广惟勤。中国移动将继续加大资源投入，按照党中央、国务院的要求，进一步提升针对农村地区群众的服务能力，与扶贫事业携手同行，以信息科技助力精准扶贫。中国移动坚信"路虽远，行者常至；任虽艰，为者常成"，将一如既往地尽自己最大的努力，为脱贫攻坚工作插上"互联网+"的翅膀，革旧布新，整合资源，提高效率，加大力度助力国家乡村振兴战略的落地实施，助力基层政府扎实推动贫困群众脱贫致富。

新时代投资变局和财富机遇

邱晓华

新形势要求我们要把自己的思想、行动统一到党的十九大精神上来，党的十九大是在建设社会主义新的征程上召开的十分重要的会议，不仅将影响到我们的国家，影响到我们的民族，也会影响到我们每一个人。所以，如何学习掌握党的十九大精神，无疑是我们今后要去做的头等大事。

中国发展的新趋势

第一，未来中国的发展是在一个梦想引领下的新发展，也即实现"两个一百年"奋斗目标所构成的三个阶段性的目标是中国经济发展未来最主要的内容，是中国经济发展最基本的前提，也是中国经济发展最基本的底线，可以预计党的大政方针都会以实现这个梦想为前提和出发点。确保这个梦想的实现构成了我们认识中国经济发展前景的第一个新的趋势。

第二，要谱写新的篇章，即要用新的平台，并进行更新以实现新的发展。我国须更新的平台有二：其一，对内发展的平台要更新。首先是"中国制造 2025""互联网＋"以及智能化这些内容所构成的产业的升级，其次是以科技进步作为主要驱动力来代替以往的要素投入。在新的动能方面也需要更新，要转到更多地靠消费来支撑，这样一些产业动力和体制机制的变革就构成了发展的新的平台。对外经济的平台同样需要更新，需要重新构造，其主要内容：一方面是人民币国际化，要积极稳健地推进人民币国际化，这是中国经济对外发展的一个重要内容；另一方面是"一带一路"倡议，这同样是对外经济升级的一个重要内容。"一带一路"不仅是作为一个大国应当承担更大责任的体现，也是构建中国现代化所必需的和平的外部环境所需要的一个重要举措。

在对外经济升级版中，要用自贸区的建设作为制度安排。自贸区大致有两个鲜明的标志：第一是国民待遇，即无论是外资还是内资，无论是国资还是民资，大家都是一视同仁；第二是在市场准入方面要实施负面清单管理，在国家的法律法规层面，界定好不允许做的一些事情。自贸区制度无疑将给企业和民众带来更自由的选择和更自由的发展。此外，要进一步地建设新的国际性投融资平台体系，也就是把亚投行、丝路基金、金砖国家新开发银行这些带有中国元素的新的投融资平台建设作为支撑。

这几方面内容呈现出了三个新特点：第一，升级版国际化平台由以前的"引进来为主"转到"引进来与走出去并重"的新阶段；第二，由以前的贸易为主，要转到贸易与投资相结合，也就是由商品输出为主转到商品输出与资本输出相结合；第三，由以往的国际游戏规则的遵循者为主，转到既是遵循者又是制定者相结合的新阶段。

第三，未来中国经济的新发展要完成三个跨越。第一，跨越国界，要实现我们的企业和投资者在全球配置资源、组织生产和销售这样一个跨国发展的新格局。第二，跨越产业的边界，实现跨界融合。主要从三个方面实现跨界：其一，拥抱移动互联网。移动互联网改变了传统发展的时间、空间约束，商务活动得以 24 小时开展，这是移动互联网所带来的巨大变化。其二，对接智能化。智能经济是会影响、改变我们生活和工作的又一个重要发展方向，对接智能化有助于我们跨界融合。其三，构建生态圈。未来在跨界方面一定是个从设计、研发到制造、销售、服务各个环节都有自己的利益链条与合作伙伴，是打造跨界融合的一个重要的方面。第三，跨越所有制边界。未来在所有制方面，将更多地以混合所有制为主体，国有与民营之间、国内资本与国际资本之间相互结合的趋势会愈发明显。

第四，未来中国经济不会沿用旧的红利，将更多地依赖和挖掘新的红利。新的红利将主要来自四个方面：一是人口质量的红利，人力资本将扮演着更加重要的角色；二是全面改革红利，经济、社会、文化的全方位改革已经拉开序幕，党的十九大之后将在关键领域重点环节取得新的突破，从而带来新的制度红利；三是深度开放红利，升级版的对外经济会带来新的红利，使得我们在资源、市场、资金、技术、管理等诸多环节有更大的空间；四是万众创新红利，创新将成为时代的主旋律，正在汇集成新的产业、新的业态、新的模式、新的动力，将支撑起中国经济的新发展。

第五，未来中国经济将更多地表现为实现新发展理念，也就是用创新、协调、绿色、开放、共享这五大理念来构造新的发展。一旦新发展理念落地生根、开花结果，展现在我们面前的中国经济将是一个更有质量、更可持续，老百姓能够有更多获得感的新经济。

新趋势下的新机遇

2010 年以来，由于传统产业增长乏力，以及对外环境的复杂多变带来的中国出口的波动，所引起的中国经济下行的周期正在接近尾声，一个更加平稳、更有质量、更有效益、更可持续发展的新周期、新阶段正在向我们走来，理由如下：

第一，先行指标展示了向上、向好、向稳的新发展趋势，预示着市场景气度在恢复和提升。采购指数已连续 14 个月处于扩张区间，还是工业品价格指数已结束了 54 个月下降的阶段，发电量指标结束下降，这些变化无一不折射出市场的景气度在恢复和回升。

第二，中国经济运行轨迹趋于平稳。2016 年以来，中国 GDP 增长基本在 6.7%—6.9% 的区间运行，已趋于平稳。明年中国经济会如何表现？一是平稳趋势不改；二是温和通胀会继续延续。目前中国经济运行中金融严监管、房地产严调控、地方债务的严监管三方面叠加，显示出一个相对紧缩的趋势。但是，由于中国经济特有的韧性，严监管不仅不会损害经济运行，反而有利于中国经济的长期健康发展。因此，2018年中国经济还会延续一个相对平稳的发展态势。

第三，政策信号出现了适度微调。货币政策结束量化宽松，回归稳健中性，M2增长速度由两位数回归到一位数，市场利率由下行转为上行，这些都是政策微调的结果。政策信号和经济的晴雨表，这意味着决策者对短期经济的运行担忧在下降，而将更多力度放在防范中长期重大风险、治理环境污染、脱贫等问题上，这也预示着经济相对平稳的政策体系也不会发生重大改变。

第四，新经济能量在逐步放大。互联网经济、现代服务业的投入与产出都以两位数的速度增长，相当程度上抵消了由于市场成本等诸多问题所带来的经济下行压力。同时，传统产业重组的力度在加大，产业集中度在提升，传统产业在一些环节的活力逐步恢复，增长逐步提升。

第五，世界经济开始温和复苏。国际货币基金组织已经把2017年经济增长率调升至3.6%，2018年调升至3.7%，国际贸易也在不断恢复，由于外部环境不利造成中国经济的下行压力也在减弱。

第六，新的政治周期已经开启。党的十九大结束已经预示着一个要更有作为的新的政治周期的开启，将有力推动中国经济增长。

在这样一个新的发展态势的情况下，新的机遇在哪里？我认为，首先是与人的因素越来越有密切关系的产业，其次是跟技术联系越来越密切的产业。从这两个关键因素出发，构成了我们未来发展的七个机会。

一是与老龄人相关的白色经济。目前中国的老年人口超过 2 亿人，在不久的将来将超过 3 亿人，在满足这部分人的商品服务需要的过程中充满着投资机会。

二是和女性、儿童相关产业的发展机会。中国的消费者主体购买力最活跃的主体是女性，中国最愿意花钱的承载体是儿童，因此如何满足女性、儿童的消费需求，同样充满着投资机会，我称之为"红色经济"。

三是当今人们越来越关注餐桌上的安全问题，越来越关注生存的空间和生存的环境，因此绿色食品、环保产业同样充满着投资机会，我称之为"绿色经济"。

四是生产的空间逐渐由陆地向海洋拓展，因此海洋生物资源的开发、海洋运输工具的制造、海洋信息技术的发展，以及海洋生态的保护等同样充满着机会，我称之为"蓝色经济"。

五是财富管理愈发重要。随着富裕人群的增多，人们将越来越关注财富的保值和增值，未来将更多地由专业人士、专门机构来为他们进行专业化的管理，因此金融服务业同样充满着成长的机会，我称之为"金色经济"。

六是与高科技相关的，无论是高端制造业、生物医药，还是互联网经济智能化经济，这些产业具有高成长性，我称之为"银色经济"。

七是人民物质生活需要不断满足后对精神生活有更高的期待，高雅艺术、高雅休闲等方面的发展同样具备高成长空间，我称之为"橙色经济"。

总体而言，中国资本市场的"春天"正在到来，我们既要抓住成长性和价值性的投资机会，也要注意防范由于政策性或外部性因素所带来的风险，应本着积极稳健的态度，做好迎接"春天"的准备。

我国构建开放型经济新体制与推动建设开放型世界经济

沈丹阳

党的十九大报告指出，过去五年，我国开放型经济新体制逐步健全。进入新时代，我们要主动参与和推动经济全球化进程，发展更高层次的开放型经济，同时，要建设开放型世界经济，推动构建人类命运共同体。我国构建开放型经济新体制和推动建设开放型世界经济，这既是两个重要的发展命题与时代要求，同时又有着密切的内在联系，需要深入研究探讨，使其进一步相互促进、相辅相成。

一、逐步健全：对我国构建开放型经济新体制的回顾

过去五年，国家加快发展更广领域、更高水平、更深层次的开放型经济，对外开放面临的内外环境发生了深刻变化。中共十八届三中全会作出了构建开放型经济新体制的决定，

2015 年 5 月《中共中央国务院关于构建开放型经济新体制的若干意见》下发，对构建开放型经济新体制进行了系统部署，使开放型经济新体制逐步健全，进而推动形成全面开放新格局。进一步提高开放型经济水平、逐步破除体制机制障碍中构建的开放型经济新体制，已具有了新的内涵特征。尽管如此，新时代仍需要进一步解放思想和更新观念，高标准推进相关改革，以市场化、法治化、国际化的管理方式和营商环境与高标准的国际规则相对接，实现以对外开放的主动赢得经济发展和国际竞争的主动。

（一）新形势：我国对外开放内外环境发生深刻变化

全球引资竞争更趋激烈，我国利用外资增速有所放缓。国际金融危机后，一些国家积极采用减税等措施吸引外资，成效明显。例如，通过实施"选择美国"计划，美国制造业外资比重从 2008 年的 25.7% 攀升至 2014 年的 86.8%，2016 年仍高达 53.6%。同期，我国吸收外资增长放缓。"十二五"期间我国吸收外资年均增长 3.4%，低于全球 5% 的增速，近两年则出现了小幅负增长。

全球价值链分工深化，我国传统增长动力减弱。随着国际分工格局从产业间向产业内、产品内深化发展，知识、管理等要素投入逐渐占据价值链高端，我国传统的竞争优势，如简单劳动、土地资源等要素在产品价值中的贡献降低。

市场配置资源作用受限，我国营商环境仍需改善。城乡市场壁垒、地区行政分割等问题依然存在，市场准入的"玻璃门""弹簧门""旋转门"仍未消除，税费、融资、物流等成本居高不下。据世界银行和普华永道联合发布的《世界纳税指数2017》显示，我国总平均税率高达 68%，德国和日本为 49%，美国为 44%，韩国为 33%。

国际经贸规则趋向高标准，我国开放面临的形势更加复杂。美国等国家主导的 TPP、TTIP 等投资贸易协定暂时搁置，但其倡导的"竞争中立"、国有企业、准入前国民待遇、负面清单等高标准经贸规则，客观上符合市场经济发展规律，成为大势所趋。从长远看，更高标准、更广范围的投资贸易规则将逐渐成为主流，若应对不当，就会在规则重构中被边缘化。

（二）新成效：我国开放型经济发生体制性变革

确立了开放发展新理念。开放被确立为新发展理念之一，开放在发展中的作用、地位被提升到了全新的层次和水平上。这其中贯穿着以扩大开放促进深化改革、实施陆海统筹新布局、开辟包容开放新路径、树立开放安全新观念等新思维。

外贸可持续发展新机制初步形成。外贸便利化改革深入实施，鼓励市场采购贸易、跨境电子商务、外贸综合服务等新型商业模式发展。推广国际贸易"单一窗口"，大通关体制改革加快推进，通关便利化明显增强。2013—2015 年，我国连续三年保持世界第一货物贸易大国地位。服务贸易占外贸总额的比重从 2012 年的 10.8% 提高到 2016 年的 18%，我国已成为世界第二服务贸易大国和服务外包接包国。2015 年我国出口占国际市场份额升至约 13.8%，创历史新高。外贸结构调整也取得了积极成效，外贸发展新动能正在集聚。

外资管理体制发生重大变化。提出外商投资准入负面清单，对实行三十多年的"逐案审批制"进行了改革，凡不涉及准入特别管理措施的外资企业设立及变更事项由审批改为备案管理，实现了对既有外商投资管理理念、管理模式和管理体制的重大变革。2013—2016 年，全国累计新增外商投资企业10.1 万家，实际引进外资 5217 亿美元。2016 年我国实际引进外资 8644 亿元，同比增长 3%，连续 25 年居发展中国家首位。

对外投资建立起便利化的新管理体制。除了近两年对部分非理性投资采取了一系列严格管理措施外，对外投资管理程序和方式大为简化，由核准制改为备案制。还建立了国际产能合作国别机制化安排。2016 年，我国对外投资流量已跃居世界第二位，其中并购类对外投资占对外投资总额的比重达到47%，上亿美元大项目超过 100 个。当年制造业对外投资达到310 亿美元，同比增长 116.7%。

开展了与高水平国际经贸规则对接的探索。一方面，积极推动双边、多边自贸区和双向投资协定谈判，加快推进自由贸易区建设；另一方面，通过设立自贸试验区，在投资、贸易、金融等多个领域，围绕建立健全事中事后监管体系等基础性制度进行积极探索，形成了一些制度创新性强、市场主体反映好的经验做法。

建立起积极参与全球经济治理的新机制。通过建设"一带一路"、支持二十国集团经贸平台建设、推动亚太经合组织建立亚太自贸区、推进金砖国家合作，参与国际经贸规则制定，争取全球经济治理制度性权利。

（三）新特征：我国开放型经济蕴含新的体制性内涵

市场配置资源新机制正在建立。过去一个时期，我国国内市场运行的主要矛盾是统一性、开放性不足，不仅表现在国内各个地区之间市场的不完全统一，还表现在国内外市场难以实现一体化。而从外部发展环境看，全球经贸规则的核心是市场规则，本质也是要使市场在资源配置中起决定性作用。因此，过去几年对开放型经济新体制的探索，朝着推进与开放型经济相关的市场化改革、构建市场配置资源新体制，实现内外市场深度融合、要素在全球自由流动、资源在全球高效配置方面，加大了力度，取得了新的进展。这是健全开放型经济新体制的基础和前提。

经济运行管理新模式逐步形成。过去几年，国家朝着建立与国际高标准投资和贸易规则相适应的管理方式，形成参与国际宏观经济政策协调的机制，推动国际经济治理结构不断完善的方向，进行了积极探索和努力，在推进政府行为法治化、经济行为市场化，建立健全企业履行主体责任、政府依法监管和社会广泛参与的管理机制，以及健全对外开放中有效维护国家利益和安全的体制机制等方面，逐步形成了新的管理模式。这其中最重要的是探索厘定政府和市场的作用边界，强调政府既要最大限度减少对企业的行政干预，也要更好地发挥引导和服务作用。

全方位开放新格局基本形成。通过自主开放与对等开放，持续实施走出去战略和更加主动的自由贸易区战略，拓展开放型经济发展新空间；实施西部开发、东北振兴、中部崛起、东部率先的区域发展总体战略；实施"一带一路"倡议，促进基础设施互联互通，扩大沿边开发开放，推动东西双向开放，内外联动、陆海统筹、东中西协调、内陆沿边互补的全方位开放新格局已经基本形成。

国际合作竞争新优势正在形成。在持续推进扩大开放过程中，各地以创新驱动为导向，以质量效益为核心，加速培育产业、区位、营商环境和规则标准等综合竞争优势，不断增强创新能力，加快提升在全球价值链中的地位，促进产业转型升级。这使得开放的质量效益有新的提升，以技术、标准、品牌、质量、服务为核心的新的国际合作竞争优势正在加速形成。

（四）新目标：我国开放型经济仍需深化体制性构建

需要实施改革攻坚，进一步确立市场在资源配置中的决定性作用。目前影响这一体制构建目标的主要因素有三个：一是个别领域仍存在的行政性垄断，二是少数商品和服务价格的形成与市场竞争机制背道而驰，三是一些地方政府直接参与和干预企业投资活动。这就要求在推进完善开放型经济体制中努力打破行动垄断，确立主要由市场形成资源要素价格的机制，深化政府和国有企业投资体制改革。

需要继续推进政府管理方式转变，营造良好的营商环境。一是宏观经济调控应大幅减少直接应用行政手段，而是要更多地依靠宏观经济杠杆。通过释放经济信号，影响市场供求预期，引导经济主体行为。二是经济决策过程中要更充分、更直接、更大范围征求和听取各类市场主体意见。三是要完善政府监管体制，特别是完善事中事后管理方式，提高监管水平。

需要进一步积聚发展动能，加快推进贸易强国建设。必须通过体制机制的进一步构建来培育外贸竞争新优势。一是需要通过提高贸易自由化便利化水平以降低企业成本特别是制度性交易成本。二是需要处理好培育新优势中的扬弃关系，加快培育外贸新业态新模式，实现价值链重组和爬升。三是需要加大力度推动中西部地区承接加工贸易梯度转移和转型升级。四是需要加快推进服务贸易特别是服务出口的创新发展。

需要从体制上增强对外资的吸引力，扩大利用外资。一是需要制定全国版外商投资负面清单，大幅放宽市场准入，扩大服务业对外开放，持续拓展外商投资空间。二是需要加快推进《外国投资法》立法进程，积极为外商创业创新和参与国内企业并购重组创造条件，保护外商投资合法权益。健全外资安全审查制度，完善事中事后监管体制机制。三是需要推动全国各类自贸试验区、国家级经济技术开发区、开放型经济新体制综合试点，以形成开放协同效应，探索可复制可推广的经验和模式。

需要创新对外投资方式，坚持服务实体经济方向。一是需要有重点地推进国际产能合作。聚焦重点地区、重点国别、重点项目，实施好"十三五"国际产能合作规划。二是需要因类施策支持企业走出去。例如，对汽车、高端装备制造、高端材料等追赶型产业，可在融资和外汇上支持企业海外并购拥有先进技术企业；对家电、高铁、造船等领先型产业，可设立科研基金，支持行业企业建立公用技术研发平台。三是需要抓好服务保障和权益保护。完善对外投资台账制度，及时摸清家底，重视境外中资企业突发事件的处置工作，多方配合保障境外人员和资产安全。

需要大力推进多边和自贸区合作并参与全球经济治理。一是加快构建周边自由贸易区。力争与所有毗邻国家和地区建立自由贸易区，不断深化经贸关系，形成"你中有我、我中有你"的密切局面。二是积极推进"一带一路"自由贸易区。结合周边自由贸易区建设并推进国际产能合作，积极同"一带一路"沿线国家商建自由贸易区，形成"一带一路"大市场。三是逐步形成全球自由贸易区网络。争取同大部分新兴经济体、发展中大国、主要区域经济集团和部分发达国家建立自由贸易区，构建金砖国家大市场、新兴经济体大市场和发展中国家大市场等。要把加快自由贸易区建设作为我国积极参与国际经贸规则制定、争取全球经济治理制度性权利的重要平台。

需要聚焦"五通"，扎实推进"一带一路"建设。秉承丝路精神和共商共建共享原则，既要着眼于战略支点、战略通道，打造开放型合作平台，又要注重挖掘贸易投资新增长点，发挥贸易推动经济增长的重要引擎作用。一是办好中国国际进口博览会。这是我国着眼推进新一轮高水平对外开放的重大决策，也是主动向世界开放市场的重大举措。要打造国际一流博览会，为世界各国打造一个贸易平台，又为国际社会提供一个公共产品。二是落实好贸易畅通合作倡议。秉承丝路精神，共商共建共享，打造开放型合作平台，挖掘贸易投资新增长点，发挥贸易推动经济增长的重要引擎作用，推进经济全球化。三是建设好经贸、产业合作园区。创新合作模式，因地制宜、精准施策，尽快打造一批产业定位清晰、规模效益较好、就业带动力强的合作区。四是抓好重大项目落地。把握好沿线重大项目的战略性和经济性，依托项目驱动，深化基础设施联通、实体经济、贸易和投资自由化便利化、金融等方面的务实合作。

二、水到渠成：我国推动建设开放型 世界经济的内在逻辑

自 2013 年圣彼得堡二十国集团峰会上首次提出"共同维护和发展开放型世界经济"宏大构想以来，习近平主席在近年来的多个主客场外交活动和国际合作论坛上，多次提出建设开放型世界经济。党的十九大报告进一步明确，中国在继续坚持对外开放的基本国策、推动形成全面开放新格局的同时，将推动建设开放型世界经济。这是在经济全球化进程面临新的难题和挑战情况下顺应历史大势的正确方向，也是在各国经济利益越来越深度融合大趋势下推进全球化的可行方案。需要看到的是，中国主张并致力于在积极推进世界经济实现可持续发展的进程中，发展、维护、建设开放型世界经济，有其历史与时代的内在逻辑。

（一）提出开放型世界经济的历史与时代背景

顺应人类社会进步的历史大势。在世界经济的发展史开放与封闭的矛盾运动中，开放始终是经济运行的主要方面。在各类矛盾复杂交织中，经济开放发展的轨迹彰显了人类社会前进的大趋势。公元 1500—1800 年，全球洲际贸易年均增长率仅为 1%，19 世纪初到第一次世界大战前，该增长率达到 4%。第二次世界大战结束至今，由于各国大幅降低关税壁垒，世界贸易总额年均增长率超过了 10%。世界发展史上，荷兰、英国、美国等国家相继由于开放而走向了现代化，呈现出哪里有了开放的通道，哪里就有了经济往来的中心，哪里就有了经济繁荣的发展脉络。

遵循世界经济发展的天然规律。全球经济朝向开放型世界经济的演进过程，是顺应世界经济发展规律的必然。一方面，开放型世界经济是社会生产力发展的客观要求。在生产、分工、交换、市场的连锁链条中，生产是起点，生产力是世界市场的终极推动力，只有当国家和行业降低贸易和外国直接投资的国际壁垒时，生产力快速提升才可能实现。换言之，开放型世界经济的构建，将为生产力的大发展，进而推动未来全球经济的增长，奠定坚实基础。另一方面，开放型世界经济是科技进步的必然结果。历次产业革命都是通过技术对人类智力、认知水平以及生产能力的大幅跃升，引发产业结构变迁，从而带来跨越式的经济发展。当前，以大数据、物联网、人工智能为代表的新兴技术，正在重塑国际分工和收益分配体系，全球化受益面显著增加，有利于推动实现开放性世界经济所谋划的包容、普惠、共赢目标。

满足经济全球化革故鼎新的客观需求。近年来，世界经济疲弱，经济全球化在曲折中发展，开放型世界经济的提出正是在这一背景下对症下药解决问题，把全球化带入全新境界的有效途径。一是经济全球化是当今世界经济的基本特征，但增长动力缺失使经济增速长期"低位徘徊"。自1961年以来，世界经济每十年的年均增长率分别呈现5.3%、3.8%、3.1%、2.8%、2.5%的逐节下滑态势，尤其是近五年的经济增速持续徘徊在2%—3%的低速区间，传统增长引擎对经济的拉动作用明显减弱。二是经济全球化促进全球经济发展繁荣，但带来的分配不公和贫富差距扩大等问题日趋严峻。全球至今仍有超过7亿人生活在极端贫困之中。全球化创造的财富为部分国家、部分行业和资本的持有者所攫取，发展的鸿沟持续扩大。三是经济全球化仍由发达国家主导，但其他市场主体的地位和作用显著增强。这既体现在新兴市场国家和发展中国家参与全球治理能力和意愿极大提升，也体现在非政府组织、跨国公司等非国家主体发挥了越来越多的国际影响力。

四是建设开放型世界经济，顺应各国对美好生活日益广泛需要所产生的庞大市场需求，实现各国福祉共享增长，无疑将成为世界各国发展的巨大机遇。

理顺中国与世界的互动关系。建设"开放型世界经济"也是中国为处理好与世界的关系，为建设公平公正的美好世界作出的贡献。其一，"开放型世界经济"与中国共产党的最高理想是内在统一的。马克思和恩格斯在《德意志意识形态》里曾提出共产主义形成的两个最基本前提，即"共产主义，是以生产力的普遍发展，和与此相关的世界交往的普遍发展为前提的"。构建开放型世界经济的历程，是中国共产党不断把为共产主义崇高理想奋斗向前推进的实践历程。其二，"开放型世界经济"是对中华传统文化精髓的承继和弘扬。"开放型世界经济"汲取了"以天下兴亡为己任"的大国担当，"大道之行也，天下为公"的奉献精神，也把"圣无外，天亦无外者也""为万世开太平"的天下观念融入其中。它秉持讲信修睦、协和万邦的伦理观，探讨了中华民族如何为人类社会作出更大贡献。其三，"开放型世界经济"是对新时期我国对外战略思想的深刻践行。党的十九大报告指出，中国将"恪守维护世界和平、促进共同发展的外交政策宗旨"。"开放型世界经济"坚定维护了这一原则立场，通过落脚于"一带一路"倡议、举办中国国际进口博览会等举措，为解决全球共同治理难题发挥了中国的世界作用，使我国成为新时期世界和平的建设者、全球发展的贡献者、国际秩序的维护者。

（二）开放型世界经济的内涵和特征

开放平衡的发展理念。2013 年以来，习近平主席多次在国际场合提出构建"人类命运共同体""利益共同体"的主张，强调开放、包容、普惠、平衡、共赢思想。这是开放型世界经济的核心理念，也是对人类先进治理思想的继承与发展。一是中国哲学思想的生动实践。命运共同体意识体现了

"和而不同""执其两端而用其中"的哲学思想，坚持"以和为贵""有容乃大"的格局，达到了"致中和，天地位焉，万物育焉""太平和合"的境界。二是国际政治经济关系理论的重大创新。命运共同体意识吸收借鉴了西方理论的合理成分，强调国际贸易是"正和博弈"，各类经济体相互依存，各国根据比较优势开展自由贸易，会促进本国和世界经济增长。三是对世界经济发展规律的深刻洞察。命运共同体意识认识到，各经济体特别是主要经济体之间，利益交融格局已经形成，经济发展受外部环境影响加深，面临的全球性问题增多，需加强协作、密切配合。

开放多元的治理主体。开放型世界经济的治理主体包括主权国家、国际组织、跨国公司和全球公民社会等。各主体功能边界渐趋模糊，权力倚赖日益加深。首先，主权国家仍发挥主导作用。一国政府经济思想是本国经济融入全球体系的关键因素，决定了本国市场的对外开放度，也决定本国的开放型经济水平。国家还是处理国际事务最权威的主体。其次，国际组织提供关键制度保障。目前世界上有超过 6.2 万个国际组织，形成了庞大的国际组织网络。国际组织独立参与国际事务，特别在经贸、货币和能源等经济领域的作用无可替代。再次，跨国公司推动经济全球化进程。跨国公司实施全球经营战略，客观上影响东道国经济政策制定，促进经济全球化进程，并通过全球范围产业转移改变世界贸易投资格局。

开放包容的全球价值链。开放型世界经济客观上要求合理打造新的全球价值链，极大提高全要素生产率，促进资源在全球优化配置，推动经济全球化再平衡。一是促进世界经济包容协调增长。价值链贸易占国际贸易总额 80% 以上。发展中国家可集中发展全球价值链上的一个"环节"，实现竞争优势最大化，个别国家甚至可以由此实现跳跃式发展。二是支持贸易和投资自由化便利化。价值链贸易中，中间投入品占到货物贸易的 2/3 以上，占服务贸易的 70%。全球价值链在全球布局产业体系，促进生产要素自由流动，推动贸易便利化改革。三是支持多边贸易体制。多边协议是各国政策与全球价值链兼容的最佳实践方式。扩大全球价值链参与主体数量，扩大多边基础上的市场开放，有利于提升全球价值链对参与国投资、增长和就业的带动作用。

开放的区域主义。封闭的区域主义严重阻碍了世界政治经济发展进程。20 世纪 30 年代，封闭的区域主义加剧了世界大萧条蔓延，间接导致第二次世界大战爆发。开放型世界经济倡导开放的区域主义。一是尊重地区多样性，承认国家地区差异，由域内各国自主自愿参加，最大限度寻求共识，推进区域经济一体化。二是经济合作外溢性，主张区域经济合作逐步向政治、文化、安全、法律等领域延伸，向政策沟通、战略对接、文化互鉴、司法协作等功能扩展。三是区域内外融合性，倡导区域对内对外开放的平衡，在一定条件下，非成员国也可参与区域合作、分享区域利益。四是区域合作多边性，倡导开放的区域主义，主张促进自由贸易区建设，推动不同区域规则的融合、衔接，这是多边主义的有益补充，也是推动全球化的重要手段。

（三）在发展和维护中建设开放型世界经济

打造全方位、复合型的互联互通网络，为开放型世界经济提供支撑。发挥基础设施建设的辐射效应和带动作用，通过关键通道、关键城市、重大项目和重大工程建设，通过政策、法律、规则、标准衔接和融合，推动周边、亚太乃至更大范围内陆、海、空、网的基础设施大联通，拉近各经济体的物理距离和心理距离。

构建平衡多元、合作共赢的新型国际经贸关系，为开放型世界经济凝聚合力。首先，利用好我国国内市场这一巨大战略资源，抓住大国关系主要矛盾，促进贸易平衡，化解分歧和摩擦，加强利益融合，打造开放型世界经济的"主力军"。其次，做好周边重点敏感国别和地区工作，淡化政治色彩，消除戒心，拉紧利益纽带，增加开放型世界经济的"生力军"。再次，加强机制建设，搭建合作平台，为发展中国家提供实实在在的出口市场、发展机会和就业机会，扩大开放型世界经济的"后备军"。

推动贸易投资大市场的形成和发展，为开放型世界经济指引方向。在多边层面，维护世贸组织"主战场"地位，促进多边贸易体制均衡、共赢、包容发展。在区域层面，构建平等协商、共同参与、普遍受益的区域合作框架，增强自由贸易安排开放性和包容性。在双边层面，搭建一批更有效的贸易促进平台，形成一批产业示范区和特色产业园，促进一批发展中国家的产业发展，增加一批开放型世界经济的中坚力量。

　　打造基础牢固、富有活力的多元合作平台，为开放型世界经济搭建舞台。一是充分发挥二十国集团作为世界主要经济体平等对话、沟通协调多功能平台的作用，推动 G20 向长效治理机制转型。二是经营谋划好金砖国家合作机制，将其打造为开放型世界经济可依托的"桥头堡"。三是引领 APEC 长远走向，推动 APEC 合作取得新进展。四是支持联合国发挥全球经济治理"主阵地"的作用，推动国际货币基金组织和世界银行份额与投票权改革。

　　积极发掘新的经济增长点，为开放型世界经济输送动力。发挥我国在国际分工体系中承上启下的枢纽作用，完善全球价值链，推动发展理念、增长方式和政策手段创新，充分挖掘经济增长新动力。把握好数字经济发展带来的机遇，培育新产业新业态新模式。加强战略对接和宏观政策协调，推进经济结构调整，提高全要素生产率。推动新能源、新通信技术、新交通物流技术变革，实现突破性增长。

　　探索共商共建共享的全球经济治理新模式，为开放型世界经济构建制度保障。一是主动引领，加大向国际社会提供公共产品的力度，强化"一带一路"、国际进口博览会的规则引领作用，发挥主场优势设置议程。二是身体力行，倡导以发展为导向的全球经济治理，提供能力建设、技术支持和资金。三是找准切入点，构建公正、合理、透明的国际贸易投资规则体系。四是虚实结合，推动全球治理理念创新发展，提供全球治理的中国智慧和中国方案。

三、一脉相连：构建开放型经济新体制与 建设开放型世界经济的依存关系

构建开放型经济新体制与推进建设开放型世界经济，看似两个不同层面的概念，在内涵、特征、举措等方面各有侧重，有明显差异和区别。但究其根本，两者一脉相承，互为表里，互为依存，互相促进。两者如何相互促进，既是实际工作中必然要涉及的现实问题，也是需要学术界深入研究思考的理论课题。笔者在此仅从"不同"与"关联"两个方面作些粗浅分析，权作抛砖引玉。

（一）两者各有侧重，有所区别、有所不同

构建开放型经济新体制立足我国，是推动我国向世界开放和对内开放的制度安排，旨在进一步破除体制机制障碍，加快形成有利于保持传统优势和培育竞争新优势的制度安排，促使开放型经济提质增效、创新发展，推动我国从开放大国迈向开放强国。

推进建设开放型世界经济立足全球，推动全球共同开放，范围更宏观。各国经济，相通则共进，相闭则各退。只有建设开放型世界经济，才能突破国家大小、强弱、贫富区别，为世界所有国家地区发展提供机会，促进国际关系民主化；才能顺应时代要求，有效遏制各种形式的保护主义，推动全球共同开

放，促进世界经济强劲复苏。

构建开放型经济新体制是我国发展高水平开放型经济所需要的体制机制。一是涉外体制机制，核心是建立市场配置资源新机制，让市场发挥决定性作用的同时更好发挥政府作用；二是国际规则体系，核心是构建以我国为主的产业分工体系、由我国主导的经贸合作模式及互利共赢的国际合作格局，提高我国在全球经济治理中的制度性话语权；三是国内营商环境，核心是推进政府行为法治化、经济行为市场化，形成经济运行管理新模式。

建设开放型世界经济是与封闭型世界经济相对立的概念，是推动经济全球化向开放、包容、普惠、平衡、共赢方向发展的一种新经济模式。在开放型世界经济中，要素、商品与服务能自由地跨国流动，从而在全球范围内实现最优资源配置和最高经济效率，释放经济全球化的正面效应，实现经济全球化的再平衡，兼顾效率与公平，让全体人民分享经济增长和经济全球化的成果。

构建开放型经济新体制既要与世界融合，又要保持中国特色。统筹国内发展和参与全球治理相互促进，把握开放主动权和维护国家安全。既发挥社会主义制度优势，又积极探索对外经济合作新模式、新路径、新体制，力求以对外开放的主动赢得经济发展和国际竞争的主动，促进我国内需和外需平衡、进口和出口平衡、引进外资和对外投资平衡，在切实维护国家利益、保障国家安全的同时，推动我国与世界各国共同发展。

建设开放型世界经济以世界各国发展创新、增长联动、利益融合为特色。主张各国提高经济增长质量和效益，通过积极的结构改革激发市场活力，增强经济竞争力，避免以国内生产总值增长率论英雄，推动世界经济可持续增长。各国在追求本国利益时兼顾别国利益，在寻求自身发展时兼顾别国发展，相互帮助不同国家解决面临的突出问题，让每个国家发展都能同其他国家增长形成联动效应，相互带来正面而非负面的外溢效应，促进世界经济强劲增长。各国充分发挥比较优势，共同优化全球经济资源配置，完善全球产业布局，建设利益共享的全球价值链，培育普惠各方的全球大市场，实现世界经济平衡增长。

（二）两者紧密相连，互为依存、互相促进

开放型世界经济是开放型经济新体制的扩展延伸。从某种意义上来说，开放型世界经济就是在全球范围内推广开放型经济新体制。近年来，在联合国、G20、APEC、金砖机制、"一带一路"高峰论坛等多边场合，我国旗帜鲜明地反对各种形式的保护主义，倡导开放合作，维护自由、开放、非歧视的多边贸易体制，探讨完善全球投资规则，同样是旨在推动构建一个让世界各国实现共同发展、实现增长联动的新体制。正因为如此，我国一再倡议维护自由、开放、非歧视的多边贸易体制，不搞排他性贸易标准、规则体系，避免造成全球市场分割和贸易体系分化；构建公正、合理、透明的国际经贸投资规则体系，引导全球发展资本合理流动，更加有效地配置发展资源；发展包容协调的全球价值链，促进最不发达国家和地区融入全球价值链，提升发展中国家在全球价值链上的位置；完善全球经济治理，推动国际秩序朝着更加公正合理的方向发展，巩固二十国集团作为国际经济合作主要论坛的地位，加强主要经济体宏观经济政策沟通协调，稳定世界经济。

开放型世界经济是开放型经济新体制的外部支撑。我国的发展离不开世界的发展，世界繁荣稳定是我国的机遇。假如各国都关起门来搞保护主义，我国开放的成效就会大打折扣。只有在共同开放的大环境下，构建开放型经济新体制才能取得互利共赢的效果。维护和发展开放型世界经济，增强全球经济增长动力，共同创造有利于开放发展的环境，促进各国经济要素有序自由流动，资源高效配置，市场深度融合，有利于我国更有效地统筹"两个市场、两种资源"，促进国内改革和对外开放，推动经济持续健康发展，发展更高层次的开放型经济。

开放型经济新体制是开放型世界经济的组成部分。世界和我国的发展实践证明，开放带来进步，封闭导致落后。只有以广阔的胸怀拥抱世界，推动与世界共享发展机遇，才能开创全球化的新境界，让世界经济重现生机。构建开放型经济新体制是我国以自身开放促进世界开放，以自身发展促进世界发展的重大战略，是开放型世界经济的重要组成部分，将进一步促进我国与外部世界良性互动，形成开放融合的大市场、大贸易、大流通格局，在促进我国经济持续健康发展的同时，也为各国创造更广阔的市场和发展空间，为世界经济带来更多正面外溢效应。

开放型经济新体制是开放型世界经济的建设手段。我国秉承开放共赢理念，不断提高对外开放水平，积极构建开放型经济新体制，以自身的行动为建设开放型世界经济做出了有益探索。例如，设立上海自贸试验区，探索对外商投资准入前国民待遇加负面清单管理模式，并在全国逐渐推广。建设"一带一路"，加强传统陆海丝绸之路沿线国家互联互通，实现经济共荣、贸易互补、民心相通，目前已有100多个国家和国际组织积极支持和参与"一带一路"建设，联合国也将"一带一路"倡议纳入有关决议。积极参与全球经济治理，支持多边贸易体制，加强G20贸易投资机制建设，引导各方积极融入全球价值链，改善全球投资政策环境。2018年，我国还将举办中国国际进口博览会。这是我国主动向世界开放市场、搭建全球贸易促进平台的重大举措，将为世界经济增长提供动力，提振经济全球化发展信心。

开放型经济新体制和开放型世界经济都服务于构建人类命运共同体。构建开放型经济新体制，是为了以开放促改革、促发展、促创新，建设开放型经济强国，为实现"两个一百年"奋斗目标和中华民族伟大复兴的中国梦打下坚实基础。维护和发展开放型世界经济，是为了解决当前世界经济存在的突出问题，推动世界经济增长，促进共同发展，构建以合作共赢为核心的新型国际关系，打造人类命运共同体。也可以说，二者都服务于构建人类命运共同体。因为中国梦与人类命运共同体相互依存、息息相通，构建人类命运共同体是中国的"世界梦"，也是各国的"世界梦"。

总之，构建开放型经济新体制和建设开放型世界经济，这是新时代我国在坚持"开放发展"这一新发展理念中，最重要的两大命题和两大政策抓手。其各自的深刻内涵、特征、发展规律，以及相互间的促进与融合关系，是理论上亟待深入研究的重要课题。随着中华民族伟大复兴进入关键阶段，我国与世界的前途命运空前紧密地联系在一起，只有持续深入推进构建开放型经济新体制与推动建设开放型世界经济，并研究处理好两者间的关系，才能更好地以开放促改革、促发展、促创新，才能更好地推动世界各国和平共处、良性互动、合作共赢，也才能更好地体现我国将自身发展与世界共同发展相统一的全球视野和大国担当。

参考文献

[1] 习近平：《决胜全面建成小康社会　夺取新时代中国特色社会主义伟大胜利》，人民出版社 2017 年版。

[2] 习近平：《携手推进"一带一路"建设》，2017 年 5 月 14 日在"一带一路"国际合作高峰论坛开幕式上的演讲。

[3] 习近平：《构建创新、活力、联动、包容的世界经济》，2016 年 9 月 4 日在二十国集团领导人杭州峰会上的开幕辞。

[4] 习近平：《迈向命运共同体　开创亚洲新未来》，2015 年 3 月 28 日在博鳌亚洲论坛年会上的主旨演讲。

[5] 习近平：《共同维护和发展开放型世界经济》，2013 年 9 月 5 日在二十国集团领导人峰会第一阶段会议上的发言。

[6] 习近平：《发挥亚太引领作用，维护和发展开放型世界经济》，2013 年 10 月 7 日在亚太经合组织领导人会议第一阶段会议上关于全球经

济形势和多边贸易体制的发言。

[7] 中共中央文献研究室：《习近平关于社会主义经济建设论述摘编》，中央文献出版社 2017 年版。

[8] 钟山：《共建一带一路　发展开放型世界经济》，《人民日报》2017 年 6 月 6 日。

[9] 王义桅：《开放型世界经济的中国担当》，求是网，www.qstheorty.cn，2016 年 9 月 5 日。

[10] 罗伯特·奥布莱恩、马克·威廉姆斯：《国际政治经济学》，张发林译，中国人民大学出版社 2015 年版。

[11] 阎学通、杨原：《国际关系学分析》，北京大学出版社 2014 年版。

[12] 张向晨主编：《全球价值链理论与实践》，中国商务出版社 2014 年版。

[13] 罗伯特·艾伦：《全球经济史》，译林出版社 2015 年版。

中国改革开放理论与实践探索成就及经验启示

张占斌

2018 年，我们迎来了改革开放 40 周年，这是一个重要的时间节点。改革开放创造了中国发展奇迹，开创了中国特色社会主义新局面，为社会主义现代化建设提供了强大动力，我们正前所未有地接近实现中华民族伟大复兴的目标。此时，回顾改革开放 40 年的探索成就，总结经验，为在新起点上的改革开放助力。

一、改革开放四十年的探索和突破

习近平总书记在十八届中央政治局第二次集体学习回顾我国改革开放历程时说，20 世纪 70 年代末，我们党和国家作出改革开放的历史性决策，有三个方面原因：一是对"文化大革命"的深刻反思；二是对中国发展落后的深刻反思；三是对国际形势的深刻反思。[1] 这就是中国改革开放的背景，也是改革开放起步的社会环境。

在邓小平指导下，1978 年 12 月召开的党的十一届三中全会，重新确立了解放思想、实事求是的思想路线，停止使用"以阶级斗争为纲"的不合时宜提法，确立把全党工作的着重点转移到社会主义现代化建设上来，作出实行改革开放的重大决策，实现了党的历史上具有深远意义的伟大转折。[2] 其后 40 年，中国改革开放所取得的一切成就，都可以说源于改变中国命运的党的十一届三中全会。

（一）对计划经济的反思和市场机制的引入

改革开放是中国共产党带领中国人民进行的一场伟大变革。在这一变革中，中国共产党人最独特的创造就是在坚持社会主义基本原则的前提下，开启与深化市场取向的经济体制改革，实现社会主义与市场经济的有机结合。

当代中国的经济改革并不是一开始就以市场化为取向的。早在计划经济时期，毛泽东等领导人就对商品生产和价值规律等市场经济因素给予关注，并主张在一定条件下加以重视和发展。20 世纪 70 年代后期启动的改革开放，改革经济体制最初也是为了完善社会主义计划经济，市场经济只是作为一种调节和辅助存在。但随着思想解放和改革深化，市场机制的重要性日益凸显，经济改革的市场化目标不断清晰了。[3]

1979 年，邓小平明确提出社会主义也可以搞市场经济的论断。他在会见美国不列颠百科全书出版公司编委会副主席和加拿大麦吉尔大学东亚研究所主任林光达一行时，在回答林光达提出的"您是不是认为中国犯了一个错误，过早地限制了非资本主义的市场经济"这个问题时说，"说市场经济只存在于资本主义社会，只有资本主义的市场经济，这肯定是不正确的。社会主义为什么不可以搞市场经济，这个不能说是资本主义。我们是计划经济为主，也结合市场经济，但这是社会主义的市场经济"。[4] 1980 年，在一次讲话中，邓小平把计划调节和市场调节相结合，作为探索合乎中国实际的经济发展道路的内容之一。[5] 1984 年，《中共中央关于经济体制改革的决定》提出公有制基础上有计划的商品经济，邓小平认为写出了一个政治经济学初稿，是马克思基本原理和中国社会主义实践现结合的政治经济学。

我们认为，实践第一是邓小平改革开放思想中最为突出的部分。实践第一要求改革开放突破各种"本本"、教条，坚持一切从实际出发，把理论和实践相结合。实践第一就要求改革开放胆子要大，步子要稳。实践第一要求改革开放不仅讲生产力标准，也要讲价值标准。邓小平实践第一的改革开放思想，有效地解决了部分人在改革开放中的争论问题。

邓小平对中国经济体制改革的理论和实践的最大贡献，是提出了社会主义也可以搞市场经济的科学论断；邓小平对中国特色社会主义的理论和实践的最大贡献，是他奠基的社会主义市场经济理论。[6] "南方谈话"是邓小平改革开放思想走向成熟集大成之作，体现了他完全彻底的改革思想。作为改革开放的总设计师，邓小平对社会主义市场经济的倡导，不仅确保了改革的正确方向，而且有力地促进了国人对经济体制理论的研究。

党的十一届三中全会开过不久，陈云写了一份《计划与市场问题》的提纲。他的这个提纲是党的十一届三中全会后以文字形式论述计划和市场关系问题最早的文献。陈云首先肯定马克思的计划经济理论，认为现在的问题主要是没有根据已经建立社会主义经济制度的经验，对马克思主义的原理加以发展。他指出，60年来无论苏联或中国的计划工作中出现的缺点，只有计划按比例这一条，没有在社会主义制度下还必须有市场调节这一条。有鉴于此，陈云提出了社会主义经济体制改革的原则构想："整个社会主义时期经济必须有两部分，计划经济部分，市场调节部分。第一部分是基本的主要的，第二部分是从属的次要的，但又是必要的。"[7] 他还强调指出，在今后经济的调整和体制改革中，计划经济和市场调节这两部分的比例的调整，将占很大比重，不一定计划经济部分愈增加，市场调节部分所占绝对数额就愈缩小，可能是相应地增加。

有研究者认为，作为专有名词，改革开放特指1978年中共十一届三中全会以来的时期，但从改革的实质是解决好计划和市场的关系，开放的实质是加强国内经济与国际经济联系的角度看，我们党关于改革开放的思想早在新中国成立初期就产生了。理解和研究陈云的改革开放思想，不能仅限于改革开放时期，而应在改革开放前后两个时期加以考察。这样我们就可以清楚看出，他的改革开放思想是既要解放思想又要实事求是的思想，是既要积极推动又要稳步前进的思想，是既要搞活微观又要管好宏观的思想。[8]

邓小平、陈云这些论述，明确肯定了社会主义制度下市场经济和市场机制的作用，打破了前人在这个问题上的理论禁锢。他们的这些论述，大大扩展了市场调节的空间，把在计划经济中引入市场经济的问题正面肯定下来。

邓小平关于社会主义也可以搞市场经济的论述，当年曾收入人民出版社《中央负责同志同外宾的谈话》一书之中，发行10万册，影响很大。陈云《计划与市场问题》的提纲，在中央办公厅研究室作过传达，后收入1982年7月15日中共中央文献研究室编辑出版的《文献和研究》和中共中央文献研究室编辑出版的《三中全会以来重要文献选编》。[9]邓小平的论述和陈云的提纲，对经济体制改革起了重要推动作用。

这一时期，经济学家讨论市场取向改革形成一些重要观点。例如孙冶方、薛暮桥强调价值规律对社会主义经济的调节作用。卓炯认为，社会主义应该，也可以搞市场经济。熊映梧提出，搞社会主义必须抓住发展生产力这个根本。刘明夫等人认为，商品经济并非资本主义社会所特有，社会主义经济是社会主义商品经济，并指出中国几十年建设中出现的失误和造成的损失，就是因为没有搞商品经济。蒋一苇强调国民经济的主体应该是企业，企业应该是独立的商品生产者和经营者，实行政企分开。经济理论界这些讨论，把邓小平、陈云的论述大大丰富和深化了。

这一时期，在解放思想大潮中，中国逐渐理性客观地认识西方经济学。在引进外资、技术和管理经验的实际经济工作中，西方经济学及掌握西方经济学理论的中国经济学家在中国市场化理论探索中也发挥了重要作用。[10]西方经济学被引入中国后，首先是一种实用工具，用来分析中国经济存在的问题，提出理论上的解决方法；其次是一种沟通的符号，有利于中国经济学家与西方发达国家经济学家沟通学习；最后是一种重要的思想理论资源。西方经济学丰富了中国改革开放理论，推进了市场化研究。

（二）社会主义市场经济的建立

中共十二届三中全会确立的社会主义有计划的商品经济，是我们党在经济体制改革方面的重大突破，大大加速市场经济体制改革探索步伐。但是，有计划的商品经济，究竟是计划经济为主还是商品经济为主，理论界长期争论，莫衷一是。

1987年2月6日，邓小平在同几位中央负责人谈话时提出，不要再讲计划经济为主了[11]。所以党的十三大就没有再讲谁为主，而提出了社会主义有计划的商品经济应该是计划与市场内在统一的体制；提出国家调节市场，市场引导企业，把国家、市场、企业三者关系的重点，放在市场方面；提出要从直接调控为主转向间接调控为主。所以，计划与市场的关系，就从党的十二大时以计划经济为主，市场调节为辅，到党的十三大时不再强调主辅关系，而且有向市场经济倾斜的意思。

为此，在经济体制改革方面，党的十三大报告提出当时深化改革的任务主要是围绕转变企业经营机制这个中心环节，分阶段进行计划、投资、物资、财政、金融、外贸等方面体制的配套改革，逐步建立起社会主义有计划商品经济体制的基本框架。

在我国经济体制改革由旧体制机制向新体制机制转变的关键时期，1987年10月，国家体改委组织中国社会科学院课题组、北京大学课题组、中央党校课题组、中国人民大学课题组、吴敬琏课题组等8个课题组，就我国中期（1988—1995年）改革规划纲要分别提出报告。这些课题组提出来许多观点、思路和设想，对推动经济体制改革起了良好的作用。大家在中国经济体制改革要坚持市场化或市场取向改革方向上完全一致，但在如何具体推进市场取向改革，中期改革主线是什么，如何处理改革、发展、稳定关系，存在着明显的分歧。

当时争论最大的有三种不同主张：第一种以北京大学和中央党校课题组为代表，主张企业改革中心论或所有制改革中心论，主张中期改革以企业改革为主线，积极推行股份制，建立现代企业制度。第二种以吴敬琏课题组为代表，主张以价格改革为主线，着力实现经济运行机制转轨，以便为企业改革和其他改革创新提供一个良好的市场环境。第三种以中国社会科学院课题组为代表，主张企业改革和价格改革、所有制改革和经济运行机制改革双线推进，即两条主线论。[12] 应当说，这些主张都各自成理，都有严密的论证，都是很好的研究报告。

　　进入 1988 年，改革过程中多年积累起来的经济环境和经济秩序方面的问题开始集中显现。剧烈的通货膨胀，造成市场动荡、物价猛涨，整个经济发生严重波动。严峻的形势迫使"价格闯关"不得不停下来，改革的重点突出地放到治理经济环境和整顿经济秩序上来，市场化改革受到很大的影响。

　　1989 年政治风波之后，情况有些变化。鉴于当时的政治经济形势，邓小平在 6 月 9 日讲话中将计划与市场关系的提法，调回到"坚持计划经济与市场调节相结合"[5]，即党的十二大时的提法。一段时间里，我们的经济工作也转到更多地用中央行政权力来管理经济，市场调节方面稍微差了一些。[13]

　　这一时期，学术界就计划和市场关系问题展开了积极的讨论。主张回归计划和主张扩大市场作用的人，都从各自的观点出发，提出了大量关于改革目标模式的设想。典型的有以下几种：一是主辅论。主张计划经济为主，市场调节为辅。二是板块论。主张把国民经济分成几块，由计划和市场分别来加以调整。三是层次论。主张在宏观层面上严格国家的计划管理，在微观层面发挥市场调节作用。[9]

　　随着改革的不断深入和开放规模的不断扩大，上述争论愈发激烈。中国改革之路来到了十字路口，是继续前行，还是向后退却；是继续以经济建设为中心，还是回到原来的老路上去？世界关注着中国，人民期待中央的进一步决策。

　　就在这样的历史关头，邓小平于 1992 年初到武昌、深圳、珠海、上海等地视察，发表了著名的"南方谈话"。这一谈话，既回答了困扰和束缚人民思想的许多重大问题，也提出了引起社会深刻震动的许多重大理论问题和政策问题，对推动历史朝着社会主义市场经济的方向发展起了重大作用。

1992 年 10 月，江泽民在中共十四大上明确提出："实践的发展和认识的深化，要求我们明确提出，我国经济体制改革的目标是建立社会主义市场经济体制，以利于进一步解放和发展生产力"。[14] 这是党的十四大报告一个突出的历史性贡献。1993 年，《中共中央关于建立社会主义市场经济体制若干问题的决定》发布，勾画出了社会主义市场经济体制的基本框架，为社会主义市场经济体制的初步建立提供了一个可操作的蓝图。

2003 年 10 月，中共十六届三中全会审议通过了《中共中央关于完善社会主义市场经济体制若干问题的决定》，标志着我国初步建立起社会主义市场经济体制。与此同时，党中央总结提出科学发展观和构建社会主义和谐社会的重大战略构想。自此，我国改革进入完善社会主义市场经济体制的新阶段。

在当今世界上，大体存在 4 种主要的经济制度和体制：一种是典型的资本主义经济制度和体制，存在于欧美、日本、韩国、俄罗斯等国家；一种是传统的社会主义经济制度和计划经济体制，存在于古巴、朝鲜等国家；一种是前资本主义经济制度，存在于非洲及中东等一些国家；一种是中国特色社会主义市场经济体制。

中国特色社会主义市场经济体制的根本特征是在中国共产党的领导下，实行社会主义基本制度与市场经济的有机融合。这是我们改革开放以来一直坚持的改革方向。社会主义与市场经济有机结合是一次伟大的思想解放，创造了马克思主义政治经济学及其他中外经济学典籍中从未有过的思想理论，形成了人类历史上前所未有的经济制度。这一诞生于中国改革开放伟大实践的全新创造，是中国经济奇迹得以产生的独特密钥，是中国道路独特性的充分彰显。

（三）全面深化改革新阶段

党的十八大以来，以习近平同志为核心的党中央高举改革开放旗帜，以更大的勇气和智慧谋划改革，以更大的决心和魄力扩大开放，着力解决我国发展面临的一系列突出矛盾和问题，掀起了新一轮改革开放大潮。

从形成更加成熟更加定型的制度看，我国社会主义实践的前半程已经走过了，前半程的主要历史任务是建立社会主义基本制度，并在这个基础上进行改革，现在已经有了很好的基础。后半程的主要历史任务是完善和发展中国特色社会主义制度，为党和国家事业发展、为人民幸福安康、为社会和谐稳定、为国家长治久安提供一整套更完备、更稳定、更管用的制度体系。这项工程极为宏大，零敲碎打调整不行，碎片化修补也不行，必须是全面的系统的改革和改进。

在这一背景下，2013年党的十八届三中全会通过了《中共中央关于全面深化改革若干重大问题的决定》。习近平总书记指出，"党的十八届三中全会提出的全面深化改革的总目标，就是完善和发展中国特色社会主义制度、推进国家治理体系和治理能力现代化"[15]。5年来，在习近平总书记亲自领导下，中央全面深化改革领导小组已召开 38 次会议，审议通过一大批重大改革方案，中央层面陆续推出 1500 多项改革举措，改革涉及范围之广、触动利益之深、推进力度之大前所未有。主要领域改革主体框架基本确立，重要领域和关键环节改革取得突破性进展。[16]

党的十九大确立了新时代坚持和发展中国特色社会主义的基本方略，全面深化改革是一个重要方面。在 2017 年 11 月 20 日召开的十九届中央全面深化改革领导小组第一次会议上，审议或审议通过了包括《关于贯彻落实党的十九大精神，坚定不移将改革推向深入的工作意见》等在内的 17 份文件，其中 6 份文件涉及进一步推进全面深化改革问题。这意味着，全面深化改革已是我们完成新时代历史使命的重要方法和具体内容。

改革的实践是围绕解决社会主要矛盾来进行布局和展开的。过去，我国社会主要矛盾是人民日益增长的物质文化需要同落后的社会生产之间的矛盾。进入新时代，我国社会主要矛盾已经转化为人民日益增长的美好生活需要和不平衡不充分的发展之间的矛盾。在新的发展阶段遇到的难题，需要用更高质量的发展来解决，用更坚定的改革来破解。必须以已有的发展为基础，通过全面深化改革，大力推动平衡发展和充分发展，更好满足人民在经济、政治、文化、生活、社会、生态等方面日益增长的需要，更好实现人的全面发展和社会全面进步。

二、改革开放四十年经济方面的主要成就

中国的改革开放无疑是非常成功的，经济增长是个奇迹。上世纪 80 年代是改革起步；进入 90 年代基本完成了从计划经济到市场经济的转变；2001 年加入世界贸易组织让我国进入世界经济大循环，经济增长加速；党的十八大以来，改革开放进入全面深化改革的新时代，取得重大成就。

（一）极大地解放和发展了生产力

1992 年邓小平"南方讲话"中，论述了一个极其重要的观点，革命是解放生产力，改革也是解放生产力[17]。长期以来，在马克思主义经典著作中，一个盛行的观点是社会主义革命的目的是解放生产力，社会主义建设的根本任务是发展生产力。然而，中国改革开放实践冲破了这一已经成为经典的理论观点。

党的十一届三中全会后，党中央从中国国情出发，进行了农村经济体制改革，家庭联产承包责任制得到全面推进。短短几年的时间，奇迹就在中国广袤的大地发生了，农业生产高速增长，我国基本上解决了温饱问题。1980 年 5 月，邓小平在一次谈话中，赞扬了安徽肥西县的包产到户和凤阳的大包干。他说，农村政策放宽以后，一些适宜搞包产到户的地方搞了包产到户，效果很好，变化很快。[18] 1984 年底，邓小平说

农村改革实际上是一场革命，其目的是解放生产力。自此以后，他不断地阐述这一来自实践的新观点。1985 年 3 月，在全国科技工作会议上讲话时，他明确指出经济体制、科技体制这两方面改革，都是为了解放生产力。

邓小平提出改革也是解放生产力这一命题的前提，是社会主义社会还存在着解放生产力的任务，也就是要承认社会主义条件下还存在着束缚生产力的现实。这是一个非常大胆的判断。

农村改革取得巨大成功后，改革向城市推进，先后启动了国有企业、价格、财税、金融、计划等一系列试点试验。1980 年，中央决定兴办深圳、珠海、汕头、厦门四个经济特区，打开了对外开放的窗口，随后审时度势向沿海、沿江乃至内地逐步推进对外开放。方方面面的改革，生产力得到充分解放，创造了中国发展的奇迹。

40 年前，我国是全球第三大的贫困国家。根据世界银行的数据，1978 年我国人均 GDP 只有 155 美元，比撒哈拉以南非洲国家数据还要低三分之一[19]。改革开放充分调动人民群众的积极性和创造性，积极推动我国参与国际分工与合作，为经济社会发展注入了源源不断的活力，实现了 40 年年均 9% 以上的增长，2017 年我国人均 GDP 达到了 9400 美元，使中国的面貌发生了历史性变化。在底子这么薄、人口这么多的国家，以这么高的速度持续这么长时间的增长，人类历史上不曾有过。改革开放不仅使中国创造了发展奇迹，更为重要的是，它开创和发展了中国特色社会主义，为社会主义现代化建设提供了强大动力和有力保障。

从 1978 年到 1999 年，经过 20 年改革开放的努力，我国人均国民生产总值达到 780 美元，超过当年联合国和世界银行等国际机构所定的中等收入国家最低门槛的 756 美元[19]，我国终于脱掉低收入国家的帽子。到 2009 年时我国的经济规模按照市场汇率计算，超过了日本，变成世界第二大经济体。2010 年，我国的出口超过了德国，成为世界第一大出口国，出口的产品 97% 以上是制造业产品，中国成为 18 世纪工业革命以来继英国、美国、日本、德国之后的世界工厂。2013 年，我国进口加出口的贸易总量超过了美国，成为世界第一大贸易国。2014 年，按照购买力平价计算，我国的经济规模超过了美国，成为世界第一大经济体。我国经济规模占世界经济的比重从 1978 年的 4.9%，恢复到 2016 年的 18.6%。[20] 改革开放 40 年，我国有超过 7 亿人摆脱贫困，形成了世界上人口最多的中等收入群体，织就了世界最大的社会保障网。正是由于改革开放 40 年的这些成就，我们才能说现在比历史上任何时期都更接近中华民族的伟大复兴。

（二）市场定位取得了突破

纵观西方资本主义国家市场经济体制演变发展的历史，国家干预和自由放任的经济理论交替占据主导地位。因此，从一定意义上说，市场经济理论史就是一部政府和市场关系争论的历史。

我国传统的计划经济体制是以排斥市场的作用为特征的。

党的十一届三中全会之后，我们党开始探索把计划和市场有机结合起来的体制机制。经过长期的探索，处理好政府和市场关系已成为经济体制改革的主线，对市场定位取得突破，这是改革开放的一个重大理论成就。

党的十四大以来的 20 多年里，对政府和市场的关系，我们一直在随着实践拓展和认识深化探寻新的科学定位。党的十五大提出使市场在国家宏观调控下对资源配置起基础性作用；党的十六大提出在更大程度上发挥市场在资源配置中的基础性作用；党的十七大提出从制度上更好发挥市场在资源配置中的基础性作用；党的十八大提出更大程度更广范围发挥市场在资源配置中的基础性作用；党的十八届三中全会提出，使市场在资源配置中起决定性作用和更好发挥政府作用；党的十九大报告重申使市场在资源配置中起决定性作用，更好发挥政府作用，并对加快完善社会主义市场经济体制作出全面部署。

市场决定资源配置是市场经济的一般规律，是价值规律发挥作用的基本要求。市场在资源配置中起决定性作用，是社会主义市场经济理论的一个重大突破，反映了我们党对市场作用的认识不断深化。具体内容包括：企业是市场配置资源的主体，生产什么、生产多少、怎样生产和为谁生产由企业根据市场需要自主决定。价格机制是市场配置资源的核心，价格形成机制以市场竞争为主，使价格充分反映资源的供求状况。

政府和市场关系在不同的社会制度和不同的国家具有各不相同的情况。更好发挥政府作用是社会主义市场经济的突出优势。在中国特色社会主义市场经济中，政府的职责和作用具体表现为：保持宏观经济稳定，加强和优化公共服务，保障公平竞争，加强市场监管，维护市场秩序，推动可持续发展，促进共同富裕，弥补市场失灵。

坚持党对经济工作的集中统一领导是更好发挥政府作用的根本保证。党政军民学，东西南北中，党是领导一切的。经济工作是党的中心工作，党的领导要在中心工作中得到充分体现。在社会主义市场经济条件下，让市场在资源配置中发挥决定性作用并更好发挥政府作用，为什么还要加强党对经济工作的领导？

因为无论是各级政府还是企业，都是一定意义上的财政主体和利益实体，都有自己独立的利益目标要实现，加上我国现有的生产企业和金融企业，不仅有多种所有制形式，而且国有企业还分别隶属不同层级的政府，因此不仅会发生资源配置的扭曲现象，而且会把中央政府逼到最后贷款人的地步，从而发生政府干预失效或成效不明显的现象。只有党的集中统一领导，才能够站在全体人民利益和经济整体利益的高度，以党严明的组织纪律为保障，统筹全局、协调各方，克服市场失灵和政府失效。[21] 因此说，党的领导是中国特色社会主义政治经济学的首要问题，这是中国的实际。

（三）成为开放型经济成功的国家

党的十一届三中全会开启了对外开放的历史新时期，其后对外开放引进了大量的国外资金、技术和先进管理经验，使国内商品市场丰富和繁荣起来，市场因素在经济中的比重大幅上升。1992 年邓小平"南方谈话"后，对外开放步伐进一步加快，由沿海地区迅速向内陆腹地扩展。加入世界贸易组织，接受全球多边贸易制度安排，是中国改革开放的里程碑。

习近平总书记指出，"当年，中国对经济全球化也有过疑虑，对加入世界贸易组织也有过忐忑……中国勇敢迈向了世界市场。在这个过程中，我们呛过水，遇到过漩涡，遇到过风浪，但我们在游泳中学会了游泳。这是正确的战略抉择"[22]。通过融入经济全球化，中国在国际产业分工调整中找准定位，成为向开放型经济转型最成功的发展中国家之一，成功抓住了自身发展的历史性机遇。今天，中国已经成为世界第二经济大国、最大货物出口国、第二大货物进口国、第二大对外直接投资国、最大外汇储备国、最大旅游市场，成为影响世界政治经济版图变化的一个主要因素，国家综合实力和人民生活水平显著提升。

主动融入经济全球化，不断扩大对外开放，让中国实现了同世界关系的历史性变化——从红利分享，到红利互动，再到今天中国开始给予世界更多红利。中国深度融入经济全球化的案例已经写入世界历史，其独特经验和思考，成为越来越多国家所重视的发展经验。

我国日益走近世界舞台中央，如何在加快自身发展的同时，应对全球挑战、谋求共同发展？是新时代扩大对外开放的重要课题。这些年我们更好地统筹国内国际两个大局，奉行互利共赢的开放战略，鼓励和支持其他国家搭乘我国发展的

"顺风车"，帮助广大发展中国家参与并融入全球价值链，促进包容性增长和共享型发展，为构建人类命运共同体作出中国贡献。

三、改革开放四十年的经验及启示

改革开放 40 年，我们积累了很多宝贵经验。如坚持和改善党的领导，确保改革开放沿着正确方向前进；不断解放思想，推进理论和实践创新；以经济建设为中心，坚持市场化改革方向不动摇；等等。这里重点论述三个内容。

（一）改革要有明确的受益主体

改革的受益主体是支持改革的关键力量。受益主体直接从改革中获益，不仅自身会推动改革，同时也具有示范效应，带动其他群体接受、拥护改革[23]。这是一条重要的改革开放经验，现在来看，理论界明显关注不够。例如，改革开放初期，在邓小平的直接推动下，国家恢复了高考，而且不问出身、成分、年龄、职业，面向全社会招生，积压十年之久的广大青年有了上大学的机会。高考制度的恢复，改变了无数知识青年的命运，他们之中相当一部分人成为社会精英。他们从改革中受益，并成为改革的坚定拥护者。有人把他们称为"邓小平的社会基础"，这是有道理的。再如，改革开放前，农村经济发展停滞不前，广大农民普遍陷入生活困顿，是中国社会最贫困的群体。1978 年，从安徽开始的家庭联产承包责任制改革，将土地产权分别为所有权和承包权。所有权归集体所有，承包权则由集体经济组织按户均分包给农户自主经营，形成了一套有统有分、统分结合的双层经营体制。家庭联产承包责任制极大地提高了农民生产积极性，农民收入大幅提高。1978—1982 年，农民平均收入增长近一倍，1984 年粮食产量比 1977 年增加 33%。农村改革的成功，使得农民相信共产党的改革开放政策，支持接下来的城市改革，支持中国社会的全面改革。有学者研究指出，农村改革的成功，孕育了中国的市场经济，培育了支持改革的最大群体。这是我国非均衡发展阶段，改革开放的特点。党的十八大以来，党中央始终站在人民立场上把握和处理好改革重大问题，把增强广大人民群众获得感作为衡量改革的重要标准，人民群众成为改革最直接的受益者。坚持紧紧依靠人民推进改革，善于从人民的实践创造中完善改革政策，通过改革给人民带来更多获得感。现在，中国总体上正从非均衡发展向均衡发展阶段过渡，全体人民的普遍受益是改革开放的目标，让改革发展成果更多更公平惠及全体人民，使人民获得感、幸福感、安全感更加充实、更有保障、更可持续，人民才能支持我们的改革开放。

（二）坚持以经济体制改革为重点

改革开放以来，我们一条重要经验就是扭住发展不放松。在 1992 年"南方谈话"中，邓小平深刻地指出："发展才是硬道理。这个问题要搞清楚。"[5] 要了解发展才是硬道理，就必须了解中国的近代史，了解中国的改革开放史。中国近代以来的全部历史都告诉我们，发展是当代中国最大的政治。邓小平在 1979 年说过："经济工作是当前最大的政治。经济问题是压倒一切的政治问题。不只是当前，恐怕今后长期的工作重点都要放在经济工作上面。"[4] 在邓小平的督导下，中国开始了长时期的稳定发展。习近平总书记指出："发展是基础，经济不发展，一切都无从谈起。改革开放以来，我们靠聚精会神搞建设、一心一意谋发展，取得了骄人的成就。实现全面建成小康社会奋斗目标，仍然要把发展作为第一要务，努力使发展达到一个新水平。"[24] 新的历史时期，坚持以经济建设为中心，就是坚持以经济体制改革为重点。进入新时代，全面深化改革必须立足于我国长期处于社会主义初级阶段这个最大实际，坚持发展仍是解决我国所有问题的关键，紧扣我国社会主要矛盾变化，以经济建设为中心，发挥经济体制改革牵引作用。按照生产力决定生产关系、经济基础决定上层建筑的唯物史观，在改革完善政治体制、文化体制、社会体制、生态文明体制和党的建设制度时，都不能脱离生产力发展水平。[25] 当前，要把解决人民日益增长的美好生活需要和不平衡不充分的发展之间的矛盾作为主攻方向，消除实现平衡而充分的发展的制约因素，消除满足人民美好生活需要的体制机制障碍。要坚持把发展作为解决一切问题的基础和关键，按照高质量发展的要求建设现代化经济体系。

（三）改革发展稳定要协调统一

　　改革、发展、稳定是我国社会主义现代化建设的三个重要支点。改革是经济发展的强大动力，发展是解决一切经济社会问题的关键，稳定是改革发展的前提。改革开放以来，我国社会之所以发生巨大而深刻变化却又保持了社会稳定，很重要的是注意处理好改革、发展与稳定的关系。邓小平指出："中国一定要坚持改革开放，这是解决中国问题的希望。但是要改革，就一定要有稳定的政治环境"。[5]坚持改革、发展、稳定相统一，是邓小平改革开放思想重要的一个方面。从改革开放 40 年中国走过的道路来看，只有改革发展不断推进，社会稳定才能具有坚实基础；只有社会稳定，改革发展才能顺利前进。这是一条重要经验。在改革实践方面，把改革力度、发展速度和社会可承受的程度统一起来，把改善民生作为正确处理改革、发展、稳定最重要的基础。习近平总书记在十八届中央政治局第二次集体学习时指出："稳定是改革发展的前提，必须坚持改革发展稳定的统一。只有社会稳定，改革发展才能不断推进；只有改革发展不断推进，社会稳定才能具有坚实基础。"[26]通过比较，可以看出，习近平总书记在改革、发展、稳定关系的认识上与邓小平具有高度一致性。有学者指出，改革、发展、稳定的关系，是协调统一的动态平衡，三者之间应保持一定的张力，而衡量和把握这一张力的合理限度即平衡点就是民生的改善。[27]我们认为，当前处理好改革、发展、稳定的关系，就是要把握好稳中求进工作的总基调。

四、在改革开放四十年的基础上高起点深化改革

中国特色社会主义进入了新时代，这是我国发展新的历史方位。我国社会主要矛盾已经转化为人民日益增长的美好生活需要和不平衡不充分的发展之间的矛盾，在决胜全面建成小康社会基础上，分两步走到本世纪中叶全面建成社会主义现代化强国。国家治理体系必将与时俱进作出调整，全面深化改革有着新的任务。

（一）加快推进与高质量发展配套的重点改革

党的十九大报告提出，我国经济已由高速增长阶段转向高质量发展阶段，正处在转变发展方式、优化经济结构、转换增长动力的攻关期。可以肯定，推动高质量发展是当前和今后一个时期确定发展思路、制定经济政策、实施宏观调控的根本要求。经济改革的重点必须与此相适应。一是重构推动高质量发展的地方竞争机制。过去 40 年的高速增长，一个很重要的秘诀就是地方竞争机制。地方竞争机制是我们的一个重要制度优势，进入高质量发展阶段，这套机制仍然要利用。要利用就必须改革，要加快改革推动高质量发展的指标体系、政策体系、标准体系、统计体系、绩效评价、政绩考核等，使之符合新的发展要求。二是加快推动高质量发展的动力变革。推动高质量发展，动力变革是关键和基础。需要注意的是，动力变革

不是在现有的旧结构下寻找稳增长的"药方"，而是要在经济转型升级的新趋势、新结构下寻找新动能、新增长的源泉。一方面要重视创新驱动。当前，我国总体进入工业化后期，支撑我国实体经济 40 年快速发展的传统要素优势正逐步减弱，要素价格持续上升，对创新驱动经济发展提出了迫切需求。另一方面要更加重视消费拉动。进入发展新时代，近 14 亿人的消费大市场是我国高质量发展的一个重要潜力和"本钱"。三是加快打破行政性垄断。要着力降低土地、能源、通信、物流、融资 5 大基础性成本。这 5 大基础性成本中国大概比美国等发达国家高出一到两倍。分析起来，成本居高不下，除了资源禀赋外，主要还是这些领域存在着行政性垄断、竞争不足、效率不高等问题。当前和今后一个时期，必须按照党的十九大报告所提出的，打破行政性垄断，加快要素价格市场化改革，完善市场监管体制。另外，创新改革、税收改革、国企改革、农村土地改革等都要相应跟进。

（二）确保完成决胜全面建成小康社会各项改革任务

决胜全面建成小康社会，为全面建成小康社会圆满收官，是当前和今后一个时期改革的首要任务。党的十九大进一步明确了我们党对如期全面建成小康社会的承诺。一是围绕"三大攻坚战"推进改革。"三大攻坚战"既是决胜全面建成小康社会必须攻克的现实难题，又是开启全面建设社会主义现代化国家新征程的坚实保障。在全面建成小康社会的决胜期，我们要通过改革，积极防范、有效化解重点领域的重大风险，积极消除或控制各种存量风险，有效预防或减少各种增量风险。要进一步强化责任担当，落实党中央关于脱贫攻坚各项决策部署、如期兑现到 2020 年现行标准下农村贫困人口实现脱贫、贫困县全部摘帽、解决区域性整体贫困的扶贫目标。当前和今后一个时期，污染治理，要以解决大气、水、土壤污染等突出问题为重点。二是通过改革促进共同富裕。共同富裕是社会主义的本质特征，贯穿在以人民为中心的经济思想之中。共享发展的理念，充分体现了共同富裕的社会主义本质要求，也是习近平新时代中国特色社会主义思想的人民为中心发展观的体现。共享发展理念，就是要在发展中共享、在共享中发展，努力实现改革发展成果全民共享、全面共享、共建共享。在共享发展中，人民群众共同分享改革发展成果，不断得到实实在在的利益，在民生改善中有更多获得感，逐步实现共同富裕。三是推进分配制度改革。考虑到距 2020 年全面建成小康社会这一时间节点只有两年多时间，我们要高度重视存在的问题，进一步加大收入分配改革力度，加快解决居民收入和财产分配中存在的问题，为构建更加公平合理的居民收入分配格局而加倍努力。

（三）以完善社会主义市场经济体制为改革方向

党的十九大报告强调，坚持社会主义市场经济改革方向，加快完善社会主义市场经济体制，并指出经济体制改革必须以完善产权制度和要素市场化配置为重点，实现产权有效激励、要素自由流动、价格反应灵活、竞争公平有序、企业优胜劣汰。这些重要论述,指明了社会主义市场经济的改革方向,明确了加快完善社会主义市场经济体制的重点任务。一是完善产权制度。现代产权制度是社会主义市场经济体制的基石。以公平为核心原则,依法保护各种所有制经济产权和合法利益,依法保护各种所有制经济组织和自然人财产权。公有制经济财产权不可侵犯,非公有制经济财产权同样不可侵犯。要加强对各类产权的司法保护,依法严肃查处各类侵权行为。只有夯实这个基础,才能实现各种所有制经济依法平等使用生产要素、公平参与市场竞争。二是推进要素市场化配置。加快建设和完善要素市场,是深化经济体制改革的又一个重点。我国现代市场体系建设已取得长足进步,但与商品和服务市场相比,要素市场建设相对滞后,成为制约劳动力、土地、资金、技术、信息等要素自由流动的主要障碍之一。在市场对资源配置起决定性作用的背景下,完善要素的市场化配置,目标是要素自由流动、价格反应灵活、竞争公平有序。

(四)形成全面开放新格局

党的十九大报告强调,要推动形成全面开放新格局。推动形成全面开放新格局,不仅意味着扩大开放的范围、拓宽开放的领域、加深开放的层次,还意味着创新方式、优化布局、提升质量。一是推进贸易强国建设。要加快外贸转动力调结构,培育外贸竞争新优势,推动外贸从量的扩张到质的提升。做强一般贸易,提升加工贸易,发展其他贸易。培育贸易新业态新模式,促进服务贸易创新发展,打造中国品质、中国品牌、中国服务。二是创新对外投资方式。创新对外投资方式，促进国际产能合作，形成面向全球的贸易、投融资、生产、服务网络。继续鼓励有实力、信誉好的企业走出去，为企业走出去营造好的环境、好的条件、好的服务，引导企业增强风险防范能力。三是促进"一带一路"国际合作。积极促进"一带一路"国际合作。我们要遵循共商共建共享原则，加强同相关国家的政策沟通和战略对接，商谈优惠贸易安排和投资保护协定，提升贸易投资便利化水平。推动互联互通和产业对接，做优做精重大项目。

参考文献：

[1] 曲青山：《邓小平改革思想及现实意义》，《毛泽东邓小平理论研究》2014 年第 5 期。

[2]《习近平在纪念邓小平同志诞辰 110 周年座谈会上的讲话》，《党的文献》2014 年第 5 期。

[3] 钟祥财：《当代中国经济改革思想》，上海社会科学院出版社 2016 年版，第 117 页。

[4]《邓小平文选》第二卷，人民出版社 1994 年版，第 236 页。

[5]《邓小平文选》第三卷，人民出版社 1993 年版。

[6] 李君如：《邓小平治国论》，人民出版社 2016 年版，第 340 页。

[7]《陈云文选》第三卷，人民出版社 1995 年版，第 247 页。

[8] 朱佳木：《陈云的改革开放思想》，《当代中国史研究》2015 年第 3 期。

[9]《中国特色社会主义经济发展道路》（市场经济篇），中央文献出

版社 2013 年版，第 35—36 页。

[10] 文世芳：《改革开放初期西方经济学引入中国及影响》，《党史与文献研究》2017 年第 3/4 期。

[11]《邓小平年谱（1975—1997)》，中央文献出版社 2004 年版，第 1168 页。

[12] 张卓元：《新中国经济学史纲》，中国社会科学出版社 2012 年版，第 214 页。

[13] 魏礼群：《改革开放三十年见证与回顾》，中国言实出版社 2008 年版，第 71 页。

[14]《江泽民文选》第一卷，人民出版社 2006 年版，第 226 页。

[15]《习近平谈治国理政》，外文出版社 2014 年版，第 104 页。

[16] 穆虹：《坚定不移将改革进行到底》，《求是》2017 年第 22 期。

[17]《十三大以来重要文献选编》（下），人民出版社 1993 年版，第 2064 页。

[18]《杜润生自述：中国农村体制变革》，人民出版社 2005 年版，第 15 页。

[19]《林毅夫在达沃斯论坛的演讲》，北京大学国家发展研究院网站，2018 年 1 月 25 日。

[20]《林毅夫在北京大学文研院的演讲》，北京大学国家发展研究院网站，2017 年 9 月 20 日。

[21] 裴长洪：《新认识中国特色社会主义政治经济学》，中国社会科学网，2018 年 3 月 16 日。

[22]《习近平在世界经济论坛 2017 年年会开幕式上的主旨演讲》，《人民日报》2017 年 1 月 18 日。

[23] 魏加宁：《1978 年以来我国改革开放的经验总结》，《中国发展观察》2016 年第 8 期。

[24]《十八大以来重要文献选编》（中），中央文献出版社 2016 年版，第 828 页。

[25] 郑新立：《增强改革的系统性整体性协同性》，《人民日报》2018 年 2 月 2 日。

[26]《习近平在十八届中央政治局第二次集体学习时的讲话》，《人民日报》2013 年 1 月 2 日。

[27] 李永胜：《论习近平改革开放的方法论》，《党的研究》2015 年第 5 期。

供给侧结构性改革的动力源

——新时代的十大新消费趋势

陈文玲

习近平总书记在党的十九大所作的重要报告，一共 32440 个字，内容浩瀚，思想深邃，不仅总结了过去五年的经验，更重要的是描绘了中国到本世纪中叶的宏伟蓝图，提出了实现这张蓝图的时间表和路线图，提出了新时代的新方略、新目标、新担当和新举措，明确了中国新的历史方位和重要历史任务。其中把中高端消费作为新增长点和新动能之一，从这个视角学习和领会党的十九大报告，可以使我们的思路豁然开朗。

党的十九大报告提出中国到本世纪中叶要实现的宏伟蓝图，决定了人民群众的整体消费水平将不断向上升位，这是中国产生新消费和中高端消费的大背景

习近平总书记在党的十九大报告中指出："我国经济已由

高速增长阶段转向高质量发展阶段，正处在转变发展方式、优化经济结构、转换增长动力的攻关期，建设现代化经济体系是跨越关口的迫切要求和我国发展的战略目标。""推动互联网、大数据、人工智能和实体经济深度融合，在中高端消费、创新引领、绿色低碳、共享经济、现代供应链、人力资本服务等领域培育新增长点、形成新动能。"这些都是非常重要的提法，把中高端消费作为新增长点和新动能排在第一位，则是首次出现在党代表大会的报告中。

党的十九大报告描绘了中国未来到 2050 年国家发展的宏伟蓝图。习近平总书记在报告中强调，从党的十九大到二十大，是"两个一百年"奋斗目标的历史交汇期。我们既要全面建成小康社会、实现第一个百年奋斗目标，又要乘势而上开启全面建设社会主义现代化国家新征程，向第二个百年奋斗目标进军。笔者理解，从现在起到 2020 年是中国建成全面小康的决胜期，是"两个一百年"奋斗目标的历史交汇期，是重要战略机遇期延展期，是中国特色社会主义新时代的伟大事业施工期，在这短短的几年时间内，我们必须完成改革攻坚的任务，完成全面建成小康社会的任务，为中国未来发展打好基础，这是决定能否到本世纪中叶建成社会主义现代化强国的一个关键时期。从 2020 年到 2035 年，我们的目标是要基本实现社会主义现代化，从 2035 年到本世纪中叶的目标是把中国建成富强民主文明和谐美丽的社会主义现代化强国。党的十九大描绘的这张蓝图是未来 30 多年总的蓝图，必须一张蓝图绘到底，这是大的战略判断和战略部署，决定了我国未来的经济结构、产

业结构、区域结构、消费结构与供给结构调整的方向，决定了
我们未来的生活方式和消费方式，决定了我们未来的社会结构
和社会治理模式，决定了人民群众对未来美好生活向往的总体
环境。

1987 年，我们党确定了"三步走"的战略。党的十三大
报告提出："党的十一届三中全会以后，我国经济建设的战略
部署大体分三步走。第一步，实现国民生产总值比一九八〇年
翻一番，解决人民的温饱问题。第二步，到本世纪末，使国民
生产总值再增长一倍，人民生活达到小康水平。第三步，到下
个世纪中叶，人均国民生产总值达到中等发达国家水平，人民
生活比较富裕，基本实现现代化。"可以看到，第一步是实现
温饱，然后是实现小康，然后到 2049 年人均国民生产总值达
到中等发达国家水平。习近平总书记所作的党的十九大报告，
实际上是把我们原来的"三步走"中确定的到本世纪中叶实现
的目标提前了 15 年，即到 2035 年中国要基本实现社会主义现
代化，我国经济实力、科技实力将大幅跃升，跻身创新型国家
前列。

到 2050 年，要把我国建成富强民主文明和谐美丽的社会
主义现代化强国，实现国家治理体系和治理能力现代化，成为
综合国力和国际影响力领先的国家。强国的概念就不是中等发
达国家的概念，而是指从国际比较上应成为发达的一流国家，
应成为世界上最强大的国家之一。过去几年中国 GDP 总量排
名世界第二，贸易总量排名世界第一，制造业总量排名世界第
一，现在人民币在世界五大货币中排在第三。但这些都是按照

总量的排位，今后到 2050 年我们必须按人均水平基本上迈入发达国家的行列。发达国家行列人均 GDP 的平均线是 4 万美元，中国现在是 9000 多美元，到 2020 年有可能达到 13000 美元，到本世纪中叶，中国会接近或达到 4 万美元。在这样的一幅蓝图下，党的十九大不仅确定了未来中国发展的宏伟目标，而且确定了 14 个方面的基本方略，还确定了若干项重大任务。

党的十九大报告中讲到经济工作有很多方面，其中在"贯彻新发展理念，建设现代化经济体系"的标题下，从六个方面提出经济工作的思路和任务。建设现代化经济体系是跨越关口的迫切要求和我国迈向未来的战略目标，必须把提高供给体系质量作为主攻方向，这就需要培育新的经济增长点。在中高端消费、创新引领、绿色低碳、共享经济、现代供应链、人力资本服务等领域培育新增长点、形成新动能。新增长点和新动能中排在第一的是中高端消费，这意味着我国消费结构将不断优化，消费水平将不断向上升位，消费方式将不断变化。

党的十九大报告提出了中国特色社会主义进入新时代的重要判断，并指出我国社会主要矛盾已经发生了重要变化。党的十三大以来，中央文件对此的表述都是：我国社会的主要矛盾是人民日益增长的物质文化需要与落后的生产之间的矛盾。而党的十九大报告提出，我国社会主要矛盾已经转化为人民日益增长的美好生活需要和不平衡不充分的发展之间的矛盾。所谓主要矛盾，是在诸项矛盾中起决定性作用的矛盾。哲学中所讲的矛盾论，是指主要矛盾决定次要矛盾，主要矛盾的主要方面决定事物的性质。可以看到，中国未来 30 多年社会的主要矛盾都将是人民日益增长的美好生活需要和不平衡不充分的发展之间的矛盾。这个社会主要矛盾就决定了中国的经济发展阶段，必须从高速增长阶段转向高质量发展阶段，之所以要使经济从高速增长阶段转向高质量发展阶段，就是为了满足人民日益增长的美好生活需要。

党的十九大报告部署经济工作"贯彻新发展理念，建设现代化经济体系"中的第一项重大任务是供给侧结构性改革，其根本目的是通过提供优质的供给体系来满足消费者的需求变化，而消费者的消费需求是动态的、变化的过程，是需求结构不断调整的过程，是不断把潜在需求转化为显性需求的过程，也是人民日益增长的美好生活需要得以实现的过程。党的十九大报告明确提出消费对经济发展的基础性作用，这种满足人民日益增长的美好生活需要的过程，使市场真正成为商品交换关系的总和，意味着市场在资源配置中起决定性作用，而消费则成为在市场经济条件下提高供给体系水平中起决定性作用的力量，也是基础性的力量。市场对资源配置起决定性的作用，消费对经济发展起基础性作用，争论了几年，这个理论终于得到了澄清。前一段时间有些人很兴奋，说中国政府采用的是美国供给学派主张，是按照里根的货币供给学派制定的政策，中国需要采用西方供给学派的理论指导解决经济中存在的问题。但实际上中国供给侧结构性改革的核心是"结构性"三个字，结构性改革的动力是什么呢？就是因人民日益增长的美好生活需要而不断产生的中高端消费，中高端消费就意味着消费结构的优化和升级。按照麦肯锡在中国的调研，到2020年，中国中等收入人群会超过 6 亿人口，这个群体是美国总人口的 2 倍，是日本总人口的 5 倍。

估计到 2030 年，我国中产阶级的人口将超过 7 亿人。改革开放初期，中国的人口有 1.72 亿人在城市，7.9 亿人在农村。现在有 8 亿多人口在城市，常住人口的城镇化率达到了 58.52%。城市人口的比重还在继续上升，中国的城市化进程还在持续推进。在全面建成小康社会这样一个决胜期，到 2020 年的目标、在国家"十三五"规划中已经确定了非常清晰的目标，就是习近平总书记提出的到 2020 年实现零贫困，人均 GDP 再翻一番，人均收入再翻一番。这个难度比过去我们在基数比较低的情况下总量翻一番要难得多，到 2020 年中国会实现零贫困，到现在中国还有 4000 万贫困人口，贫困线是 2800 元，而到 2020 年贫困线将提升到 4200 元。

人民日益增长的美好生活需要，得益于中国经济的持续、稳定、快速发展，得益于中国综合国力迅速提高，得益于在中华民族伟大复兴的进程中、在改革开放的进程中没有出现大的失误，没有走回头路，没有受到颠覆性的影响。1998 年亚洲金融危机，中国平稳渡过并通过正确的战略选择树立了威信；2008 年国际金融危机以来，中国已成为拉动世界经济增长的火车头，对世界经济增量的贡献年均在 31% 以上，2008 年、2009 年对世界经济增长的贡献达到 50% 以上。

国际社会很多人说美国好像在走下坡路，中国在走上坡路。这既取决于中国经济持续稳定的增长，也取决于中国站在人类道义、道德的制高点上提出了一系列有利于人类共同发展的思想、理念和方案，在全世界作出了和平发展和共享发展的示范和引领。在联合国近几十年脱贫的人口中，中国占到70%以上，而且到2020年中国要实现零贫困，这个13.8亿人口的大国创造了世界奇迹。中国力量、中国榜样、中国风范和中国倡议在全世界的影响力越来越大。而美国，克林顿时期也好，奥巴马时期也好，历届美国总统执政过程中都在输出美国的价值观，都在做"世界警察"，还不断发动"颜色革命"，企图颠覆其他国家的政权，挑起局部的战争。现任总统特朗普采取了一种更加极端的做法，宣布退出TPP、退出《巴黎协定》、退出联合国教科文组织，奉行封闭主义、保护主义、功利主义、重商主义，有文章说美国正大踏步迈向19世纪。笔者代表国经中心于2017年9月28日到瑞士WTO发布了关于下一代贸易方式的研究成果，据WTO的一些专家说，美国驻WTO人员得到美国政府的指令，美国必须坚持公平贸易，所谓公平贸易，就是WTO包括其他的各个国家，凡是不能达到美国所提的要求的，都不能称作公平贸易，美国一律反对。和美国打交道变得越来越难。

在这样的情况下，中国站在时代发展潮流的前沿，提出构建人类命运共同体的理念，提出一系列符合人类发展规律、历史发展规律和经济发展规律的主张，坚持新型经济全球化，坚持共商共建共享，坚持扩大各国利益交汇地带和文化价值观的交汇地带，越来越受到拥戴和赞赏。中国的发展前景越来越可预期，中国的政治越来越稳定，中国的民心越来越振奋，中国的前途越来越光明，这给世界带来了新的希望和憧憬，给中国人民带来持续稳定的幸福感和获得感。

人民日益增长的美好生活需要正在并将继续引发消费方式发生革命性演化，新消费和中高端消费将呈现十方面趋势性特征，渐次成为主流消费方式

中国新消费和中高端消费的发展趋势，消费结构不断调整和升级，最终取决于新时代社会的主要矛盾的解决，取决于习近平总书记描绘的未来宏伟蓝图如期实现，取决于中国在国际社会日益提高的地位和影响力，取决于一个大国的和平崛起在道德道义上的胜利。这些实现了，就能保证我们的人民过上幸福生活，保证人民的美好生活需要不断向上升位并产生新的美好向往，保证经济社会不断发展。一个国家如果处于动乱之中，像叙利亚、利比亚、伊拉克这些国家，即使描绘出再好的蓝图，一旦出现颠覆性变化和难以解决的国运问题，人民的美好生活需要就该另当别论了。所以，一个国家采取的战略和决策，一个国家的执政理念、执政目标和执政方式，其创造的经济社会整体环境，是人民美好生活需要的基础和前提。

在这样一个伟大的新时代，新消费和中高端消费将会出现怎样的趋势特征呢？最突出的趋势将表现在十个方面。

一是网络消费将会出现爆发式、几何式快速增长。近年来，我国持续加强对软基础设施投资，形成了网络消费的基础

设施支撑。中国 2015—2017 年在构建高速、移动、安全、泛在的新一代信息基础设施建设上的投资，累计超过1.2万亿元，移动网络从 3G 到 4G 原计划到 2020 年实现，但这个目标我们已经提前实现了，2020 年我们的新目标是实现 5G 全覆盖。到 2017 年 8 月底，中国 4G 用户达到 9.3 亿，其中移动互联网用户占到 67.2%。2017 年 11 月，国家宣布要加快推进基于互联网协议第六版（IPv6）的下一代互联网规模部署，未来将形成人与人、人与物、物与物相连的新一代互联网，每一件物品都有独立的 IP 和传感器，真正形成万物互联的大生态系统。未来的网络消费和我们以前所说的网络消费和信息消费的内涵不完全相同，过去主要是购买信息产品，而现在和未来是通过网络实现更高水平、更为便利的消费，人们的购买行为也在不断地发生演化。中国已经形成了庞大的通过网络进行购买的人群，据阿里巴巴、京东等企业的数据，2017 年"双十一"，消费者网络下单中通过移动互联网终端——手机下单者高达 90%。这种网络消费趋势是势不可挡的，因为它不是行政命令，而是消费者的自主选择。网络消费、大数据可以带来什么？这是我们所关注的消费行为的演化，这些演化会改变他们的生活方式和生存状态。通过消费者网络消费生成的大数据，可以清晰地找到他们在旅游购物、文化娱乐、社交空间、工作状态上全方位需求的痕迹，数据在这里并不是只阿拉伯数字，也不是没有生命的信息，而是留下具有生命力的痕迹。数亿用户每天根据自己的不同需求在数字生活上花费数百分钟——网上点餐、滴滴打车、预约医生、线上预约签证签注、微信扫乘车码乘坐公交车等。每一个企业都可以积累消费行为痕迹，通过大数据分析就可以找到独特的需求图谱上的价值点。麦肯锡全球研究院近日发布报告认为，中国巨大的数字化潜力来自于：中国网民数量可观且较为年轻，市场体量庞大；形成了不断扩张的数字化生态，孕育了若干数字化巨头企业；政府为数字化企业提供了足够的试水空间。

二是时尚消费将成为消费结构性变化中的显性特征。人民群众在满足了温饱需求之后，在满足了小康水平的基本需求之后，消费会不断向上升位，消费升级一个很突出的特征是时尚消费。计划经济时期，每个人吃穿住行水平都差不多，而现在在整体向上升位的同时，更多人追求消费的时尚化。根据有关国际组织调研数据，2016 年中国奢侈品行业市场规模达到1200 亿元，中国时尚消费占到全球的 30%，是全球最大的奢侈品消费国。2015 年、2016 年中国出境旅游都超过 1.2 亿人次，未来 5 年预计超过 7 亿人次，除了旅游，购买时尚品的需求将是其中最主要的消费内容。近两年，大量时尚品正在通过跨境电商大量进入国内市场，中国电子商务研究中心检测数据显示，2016 年通过跨境电商购买的奢侈品达到 574 亿元，比2015 年增长了 80%。据统计，40% 时尚品购买来自于美国，25% 来自于日本，20% 来自于韩国。这种时尚消费一方面通过出境旅游购买，另一方面，通过跨境电商网站购买在青年人中已成为一种潮流。据市场研究机构 EUROMONITOR 的数据，2015 年，千禧一代和 Z 世代（1995 年后出生）的消费者拥有全社会 34% 的总收入，预期 2025 年将达到 50%。报告显示，截至 2017 年 5 月，只有 9% 的时装品牌没有进行线上销售，这个数字比 2016 年下降了 57%。任何时代的消费结构变化和升级，几乎都是由时尚消费、奢侈品消费开始，渐渐地这些消费变成了大众消费，供给侧结构就会随之改变。

三是智能消费将成为新的消费需求偏好。中国迅速发展的互联网、物联网、大数据、云计算、云服务，近几十年持续投资形成的软基础设施，支撑了当前和未来蓬勃发展的智能消费，比如现在迅速发展的滴滴出行和共享单车，这些新的服务业态都是靠智能化的基础设施支撑的。有了这种基础设施，才可能有移动支付，有了移动支付，才能出现这种实时消费和结算的新业态。我国在短时间形成了智能消费的基础设施，智能消费的很多方面走在了全球前列，使社会公共管理和人们的消费需求偏好悄然发生着变化。比如刷脸消费，手机身份识别可以刷脸，小区管理可以刷脸。在我国，智能化的移动支付已经基本普及，笔者到菜市场买菜，发现 80% 的商家都用微信或者支付宝结算。这种智能消费成为一种泛在的东西，这在中国是一种润物细无声的颠覆性变化，也是我们在中国生活感到最便利的地方。

据报道，国家将依托百度公司建设自动驾驶国家新一代人工智能开放创新平台，依托阿里云公司建设城市大脑国家新一代人工智能开放创新平台，依托腾讯公司建设医疗影像国家新一代人工智能开放创新平台，依托科大讯飞公司建设智能语音国家新一代人工智能开放创新平台。目前，腾讯运行着 10 个世界上最大的社交网络中的 3 个，微信的月活跃用户超过了 9.63 亿，QQ 的月活跃用户超过了 8.5 亿。科大讯飞的主要业务是语音互译，其研发的软件翻译正确率高达 95%，如果你参加国际会议时手机上有这样一个软件就会非常方便。比如我们前一段时间到柏林参加中德高级别经济学家对话会议就很麻烦，因为德国经济学家说的是德语，我们说的是中文，翻译说的是英文，这样交流起来就非常不方便。科大讯飞的翻译系统，将来要攻克的正是新一代翻译的语音系统。未来，除了市场"无形之手"和政府的"有形之手"，还会出现第三只手——Intelligent Hand。这只手将不属于任何私人或政府机构，可能就是一个基于区块链技术的数字智能平台，它不断积累和分析个人、企业的数字信息，人们利用它可以更好地配置资源和满足消费需求，极大地释放社会生产力。

四是共享消费成为充分利用存量资源创造增量资源满足消费者更多元需求的新空间。习近平总书记提出了新发展理念，包括创新、协调、绿色、开放、共享，创新驱动是经济发展的第一动力，排在新发展理念之首。共享发展的理念，可以创造很多新的商业模式和服务业态，可以创造存量资源转化为财富增值的新路径，可以创造更多的就业创业机遇，共享经济发展的空间非常广阔。2017 年 10 月 17 日下午，国经中心 101 期"经济每月谈"邀请滴滴出行公司负责人介绍了这种从共享发展理念创造出的商业模式。短短的几年内，滴滴出行网络服务能力覆盖到 400 多个城市，未来几年要在国内国外发展到 1000 个城市。滴滴出行 2013 年创业投资仅有 70 万元，现在公司估值超过了 70 亿元。滴滴出行创造了一个什么样的商业模式呢？通过它的网络平台可以即时寻找到顺风车、出租车、网约车、快车、商务车，舒适型的或者豪华型的车，车型分得很细。这些汽车的提供者很多是存量资源或闲置资源，比如说有饭店老板有车，在淡季或闲暇的时候就加入到这个网络平台，每天他抢到单以后，就可以做几单这样的业务，这样就把他的闲置资产和闲置时间都盘活了，原来是属于个人消费的汽车，就变成一种可以共享消费的资源。资源拥有者得到了好处，消费者得到了便利，社会减少了存量资源浪费。在滴滴出行平台上现在已经有了 2106 万名司机，盘活存量资源的比重超过了 50%。

可以清晰地看到，当一个旧业态遭受重创甚或消失的时候，往往伴随着一个新行业、一个新业态的诞生和发展。商业零售就是如此，传统的零售业受到了冲击，但是我们看到通过网络销售，它派生出来的快递行业迅速发展，也达到了千万人的规模。再如原来的日本富士胶卷，曾是全世界最好的企业之一，生产品质最高的产品。后来富士胶卷全军覆没，原来的传统照相机也退出了整个市场，因为数字革命的迅速发展，数字化的照相机替代了使用胶卷的照相机，数字化了的电脑替代了原来的电子计算机产品。同样是电子产品，但是它的形态和内容乃至技术路径都发生了质的变化。共享消费是未来消费一个非常重要的空间，是提升供给体系质量的重要源泉，滴滴出行、共享单车是这样，携程网提供的服务也是如此。但不是所有的行业和产品都可以采用共享的商业模式，比如说一些城市推出的住房产权共享，操作起来难度就很大，有很多问题没有解决，还有的企业选择的项目不合适，搞雨伞共享，结果向市场投放 30 万把雨伞，最后一把也没有剩下。

　　五是体验消费将会成为一种消费潮流。2015 年中国境内外出行的人达到了 41 亿人次，2016 年达到 44 亿人次，2017 年预计 48 亿人次，13.8 亿人除了少年儿童和行动不便的老年人，每年每人出行 5 次以上。过去的旅游最开始是走马观花看景点，然后是休闲旅游住景点，现在是体验式消费品文化。2016 年国家旅游局在统计旅游消费构成的时候，发现到特色小镇旅游的人流占比接近40%，一些具有文化特色、少数民族特色和独特环境资源供给特色的地方，成为人们体验消费的热门景点。其中文化品在创造文化的消费体验，特色餐饮在创造饮食文化的消费体验，生态环境创造对稀缺资源的消费体验，各种各样的体验式的消费，会成为一种新的消费趋势。2017年有年轻人告诉笔者要举家到珠海长隆度假区游玩，年轻人带着小孩子到那里以后，三天内体验式消费的项目都不重样，据说这个地方现在是全国最火爆的一个体验式消费的景点。全球零售巨头沃尔玛有一个定律：其每开一家新店，方圆 5 公里内其他零售业卖场都无生存空间。然而，就是这样一个强势的行业"大佬"，2017 年上半年在华累计关店以及确定即将关店共17 家，创 6 年来的新高。台州新兴集团与科研单位合作，把马桶盖变成了健康机器人，基于大数据的如厕行为和体验，分析使用者的健康情况，可以根据身体和体温变化，遇到危险应急报警，还可以把数据发到云端做安全检测。消费者买的是马桶盖，但是享受到的是体验式健康服务。体验式消费的数据是源源不断的，生产马桶盖的企业变成了大健康企业，买卖基于消费者体验数据生成的产品和服务则成为一种新的供给。

六是颜值消费成为满足消费者心理需求最富发展潜力的显性需求。近年来，修饰和提高颜值的消费占支出比重会越来越大。比如说一些人到韩国去整容，虽然有整坏容颜的，有整得终身残疾的，但是这种消费需求的热度不减。为了使自己的颜值更加美好，不少人一掷千金。所以说，颜值消费也是将来一种消费趋势，而现在的颜值消费不一定都是整容，还包括洗脸、洗脚、健身等消费。对于中国新生代来讲，特别是其中90后和00后人群，排在前几位的消费动力毫无疑问有颜值消费的需求。据统计，我国80%的体重秤的销量来自于新生代消费者，新生代对于健康的最大追求就是保持娇好的面貌与身材。中国仍处在飞速变革的时代，新生代消费群体的整个成长经历就处于经济、社会、文化高速发展变化的过程中。对于新生代来说，往往是上一个年龄层的人在还没有形成自身稳定、鲜明的审美体系的情况下，就被下一个年龄层的审美观和颜值消费所影响甚至冲击。90后在颠覆80后审美观，"颠覆"发生时的影响是双向的，每一个更年轻的年龄层在"颠覆性"颜值消费上比起上一代人，总是潜移默化地要求"逆向传承"和"正向肯定"。颜值消费的最大群体还有妇女，《2016年女性财富管理报告》显示，过去30年，女性平均收入增长63%，超过八成的家庭消费由女性做主。"女权力量""她消费"等深度追求颜值的消费潮流正在形成。女性对家庭开支使用拥有强大的话语权：购买服饰、化妆品的话语权平均达到88%，购买家居用品话语权 85%，休闲旅游 84%，母婴产品 69%——毫无疑问，追求颜值消费的女性市场潜力要远大于素面朝天的男人们。据统计，我国 20 岁至 50 岁的女性已逾 2.5 亿人，在服装、珠宝、化妆品等领域，女性消费每年都以 7 倍于男性消费的增长占据主导地位。

七是健康消费将成为提高人民健康水平、建立国民健康体系的基础性消费。健康是促进人的全面发展，提升劳动力质量，提高人民群众生存、生命舒适度和幸福度，保障经济社会持续发展的重要基础，这就决定了健康消费将成为基础性消费。我国已出台了《健康中国 2030 规划纲要》，在这个规划纲要之前，出台过《健康中国 2020 规划纲要》。中国 2015 年人均预期寿命就达到了 76.34 岁，《健康中国 2030 规划纲要》提出，2020 年人均预期寿命要达到 77 岁，2030 年达到 79 岁；城乡居民达到《国民体质测定标准》合格以上人数要从 2014 年占比 89.6%，提高到 2020 年的 90.6%、2030 年的 92.2%；经常参加体育锻炼的人数从 2014 年的 3.6 亿人，提高到 2020 年的 4.35 亿人、2030 年的 5.3 亿人。目前，北京、上海人均预期寿命已经超过 80 岁了，快接近日本的水平了。现在世界上人均预期寿命最高的就是日本，日本女性平均寿命 88 岁，男性平均 79 岁，整个社会平均 84 岁。到本世纪中叶我们不仅经济上要成为一个现代化强国，人均收入水平要达到 4 万美元，我们的人均预期寿命也要达到最高水平或排在前几位。现在，很多地方形成了跑马拉松、每天长距离走路的风潮，从专业到业余，从一线城市到三线城市，从全程到 MINI，马拉松正在成为一部分人的新的消费方式，马拉松赛事也呈现井喷式发展，并形成马拉松产业链，有赛事运营、硬件装备、鞋服装备、机票、酒店等供给。人们从来没有像现在这样重视健康。一些特色小镇的规划建设就瞄准了健康，比如浙江宁波西店引进德国技术在规划中德国际健康小镇。健康消费不光是老年人养老的需求，而且将成为人们终身的需求。

八是文化消费将成为提高国民素质和文化自信的具有冲动性的持久消费。中国正在从地区性大国阔步迈向世界舞台中央，最终能否以昂扬的姿态屹立于世界民族之林，要靠文化价值观和文化产品得到共同认知并接受，转化为推动世界和平发展的精神财富。满足人民群众多样化、多元化、多层次的文化消费需求，必须挖掘中华文化的巨大金矿，推动优秀传统文化创造性转化和创新性发展。在中华民族伟大复兴的进程中，文化的崛起和复兴引发的日益增长的消费需求将伴随着人民群众的文化自信极大扩张，古为今用、洋为中用、去粗取精、去伪存真的文化消费时代真正来临。某种程度上，曾经有一个历史时期我们失去了对自己传统文化的自信，崇拜的是西方文化和价值观体系，是西风东渐和崇洋媚外，这影响了文化消费的品质、品位和品格。现在，文化消费正在回归，正在换轨，到了东风西渐、博大精深的中国文化受到推崇并焕发民族精神的新阶段。世界上学习汉语的人越来越多，希望了解中国的人越来越多，对中华文明的向往与对中国文化的认同，成为一种新的全球时尚。前一段时间，我国著名硬笔书法的创造者庞中华在美国用快乐教学法教授汉语，受到了极大欢迎，被聘为全美中学语文老师的汉语老师。教汉字的时候，庞中华一边拉着手风琴，一边在黑板上板书汉字，把汉字的笔画谱成美国人耳熟能详的曲子，下面听课的美国学生手舞足蹈，感觉这是一种神奇的文化。当前，人民群众文化消费需求的内涵正在发生深刻变化和调整。比如说，对古汉语、古诗词的需求，对国学经典的需求，已经转化为新消费或者高端消费，一些大学以学习国学经典为主的后 EMBA 课程两年的学费已经超过 60 万元了，但是报名学习的人还是趋之若鹜。近两年，《中华诗词大会》热播，中国成语、中文朗诵等类型的节目也都大受欢迎，都说明了传统文化越来越有市场，越来越受到人们的尊崇。不仅中国人在学古汉语和古诗词，外国人也在学，如特朗普的外孙女秀中文和古诗词的视频，就给人留下深刻的印象，成为了中美外交中的温馨瞬间。据说，美国现在最有权的、最富有的和最有知识的家族，家族中的孩子们都在学习汉语。所以，对中国文化的自信，中国文化品的价值回归，以中华美学精神引领和推动生产更多原创文化，满足现代文化消费需求，将成为无消费边界和容量限制的市场新空间。

九是安全消费已经并将成为人民群众最基本和最迫切的消费需求。改革开放 40 年，中国经济持续高速发展，现在转向高质量发展阶段。所谓高质量发展，不仅仅指经济高质量发展，人作为生产力的第一要素，也需要高质量生存并高质量地进行劳动力的再生产。在快速发展过程中出现的问题和积累的矛盾，现在到了逐步还账的时候，特别是生态环境污染和安全生活问题，抵消了经济发展带给人们的满足感和幸福感，是当前最为紧迫的问题。人们对空气的安全、水的安全、土壤的安全和食品的安全越来越重视，安全几乎成为我们的第一消费需求。怎样才能获得使我们生存和发展所需要的安全产品，怎样才能知道我们处在安全的环境下，这创造了大量新的消费需求。比如，由于空气污染问题突出，这几年空气净化器销量大增，不少家庭还安装了空气清新系统，而这些设备原来只用于医院的手术室和重症监护室。再如为了食品安全，人们宁愿购买最贵的产品。马云在贵州搞了一个淘宝村，把贵州山里面安全的农产品放到网上，其中有一个村原来土鸡是卖不出去的，只能低价卖出或自己吃，现在这样的土鸡一只能卖到四五百元。这是安全消费需求对食品附加值的创造，这方面的消费需求随着人民群众对生命质量和安全的重视，随着收入水平和购买力水平的提高，会日益增长，进而引导涉及安全产品所有领域的供给侧结构性改革与变革。不关注消费者安全消费需求的产业、企业和产品，将会被市场淘汰，被消费者抛弃。

十是定制化消费将成为体现消费者消费品格和个性化需求泛在的消费需求。由于互联网、物联网、大数据、云服务和人工智能的发展，消费者——C端将成为市场的决定性力量，以模仿型、排浪式、总量化为特征的传统消费渐行渐远，而追求时尚、健康、休闲、品质的新消费群体，正在引领我国加速进入个性化、多元化、多层次消费的新时代。移动互联网购买下单形成更多个性化商业定制，可以把消费者个人碎片化的需求集成起来，形成小批量、个性化、品牌化或创意化的商品。尤其是新生代消费群体的成长经历，经济、社会、文化高速发展变化，将推动新消费的崛起，促进新的消费价值体系重塑，基于互联网定制的社交逆向互联网生产的产销关系将快速调整。建立在新消费价值体系上的商业模式一方面更加多元开放，另一方面更加突出自我；一方面万物互联链接一切，另一方面又去行政化讲求效率；一方面强化垂直分工，一方面又推动跨界融合，更加专业精深、更加有趣，呈现多元丰富的状态。比如消费者购买服装消费行为的变化，将促使零售商利用数字标牌、电子试衣间、智能定位、自助终端和 VR 展示等一系列智能应用，带给消费者智能化和场景化的购物新体验。在体验过程中产生很多数据，可以通过这种场景化展示，形成满意的服装颜色、款式设计，进行试穿的仿真结果，然后再据此进行服装设计，最后到工厂进行制造。消费者希望通过找到自己想要的东西而发现自我，而不是单纯的消费，比如消费者对品牌的追求，将更清晰地瞄准品牌文化和品牌定位，消费单位将逐渐由家庭转变为个人，通过物品展现自己的个性以追求自我。

消费需求将成为拉动经济增长的第一动力，新消费和中高端消费将成为推动供给侧结构性改革的不竭源泉，这是一个动态的、持久的互动过程

当然，新消费和中高端消费发展趋势是一个变动的过程，

随着消费结构、消费行为、消费需求偏好的动态变化，供给侧结构性改革永无止境，在这个意义上说，消费端的变化是引发供给侧结构性改革的动力源。解决社会主要矛盾的关键，是实现消费转型升级，从传统消费转变为新消费或中高端消费，适应人民群众日益增长的美好生活需要，提高与消费结构的匹配度和适应度，将成为供给侧结构性改革的不竭动力。

除了衣食住行等基本消费需求不断升位之外，人民日益增长的美好生活需要，还包括对社会民主、公平、公正、自由、正义、生态环境等各个方面的需求，消费转型升级的变化不会停止，供给侧结构性改革也必须不断推进。消费的需求偏好是多元的、变化的，人们对美好生活的追求永无止境，适应并激发消费侧变动的供给侧结构性改革将是一种常态。新消费和中高端消费绝不是浪费，而是通过更高质量的有效支付，以更有内涵和品位的消费和更可持续的消费需求带动并引发供给侧结构性改革。

2013—2016 年，最终消费支出对我国经济增长的年均贡献率为 55%，分别为 47%、48.8%、59.7% 和 64.6%，平均高于资本形成总额 8.5 个百分点。从现在起到 2035 年，将是消费占 GDP 比重和结构持续变化的时期，消费已经成为拉动经济增长的第一动力，成为拉动经济增长最有力的那驾马车。在传统消费和新消费之间，并没有清晰的界限，新消费和中高端消费将渐次发展并成为时代潮流，但它引发供给侧结构性改革的步伐将大大加快。

一是将推动质量强国建设。消费革命将引发工业设计革命，产品功能、产品形态会加快迭代发展，产品流行的生命周期缩短，但可持续使用的生命周期延长，科技含量高的产品成为消费者获得知识的重要渠道，创新、创意、创造能力将成为制造业的核心竞争力。中国经济发展的着力点将放在提高供给体系质量上，推动中国制造向中国创造转变，中国速度向中国质量转变，制造大国向制造强国转变。

二是将引发基于智能制造的个性化定制和柔性生产流程再造。消费者——C端移动购物与移动电子支付将形成商业定制的基础数据，消费决定生产的机理和机制将发挥更大作用，质量变革、效率变革、动力变革将创造新业态、新形态和新商业模式。

三是将引发一场现代流通革命，形成以流通为先导、以零售为前沿的引导生产发展的新商业模式，形成线下线上相互融合的新商业业态。某种程度上，零售商业会发挥先导作用引导甚或决定生产，商品场景式的展示和网络仿真展示将成为制造业提高供给有效性、时效性和精确度的导向，制造业将围绕提高场景再现质量创造新技术、新产品、新功能。

四是将形成以EWTP为交易平台的下一代贸易方式，满足消费者跨国界、跨地域、跨行业、跨时空的多元化消费需求，形成若干移动C端集成而产生的贸易流量、贸易方向和贸易结构，E国际贸易将从传统贸易方式或跨境电商中脱颖而出、脱胎而造。

五是将推动制造工艺革命，那种模仿型、排浪式、大规模、标准化的大生产将逐渐结束，工业制造会根据消费侧需求的变化，逐渐实现商品的个性化、多元化、独特化及定制化生产。

六是将加快政府改进经济管理方式变革。推动高质量发展是当前和今后一个时期确定发展思路、制定经济政策、实施宏观调控的根本要求。形成高质量发展，满足人民日益增长的美好生活需要，解决发展不平衡不充分的问题，就是政府的责任和政策调整的方向。

提高供给体系质量，是满足人民日益增长的美好生活需要的基础。正如近日召开的中央经济工作会议所指出的，深化供给侧结构性改革，推动中国高质量发展，是保持经济持续健康发展的必然要求，是适应我国主要矛盾变化和全面建成小康社会、全面建设社会主义现代化国家的必然要求，也是客观经济规律的必然要求。在习近平新时代中国特色社会主义经济思想指引下，在可见的未来，中国经济将充满活力和创造力，形成满足即期消费需求、挖掘潜在消费需求、创造崭新消费需求的新供给体系，这是提高人民群众幸福感、获得感和溢出感的重要战略选择。

中国面临全球贸易投资规则
重建的重大挑战

金中夏

中国面对全球贸易投资规则重建的重大挑战

（一）中国对世界经贸影响力的显著上升引发全球权力与规则的调整

改革开放三十多年来，中国日益成为世界经济稳定的增长极。2015 年中国对世界经济增长的贡献率达到约 25%，高于美、欧等经济体，为世界第一。国际金融危机发生后，中国日益成为国际经济体系的积极建设者，中国以主要成员身份参与 G20 等全球经济治理机制，推动国际货币基金组织和世界银行的治理改革和份额调整，人民币被纳入 IMF 特别提款权。中国还加入了金融稳定理事会和全球税收论坛，在巴塞尔委员会、国际证监会合作组织等机构中的影响力也有所上升。

在各国对中国的重视和期待显著上升的同时，一些国家对于中国影响力的扩大也存在着担忧，还有很多国家认为在新的国际经济规则中不能缺少中国的参与。

以中国为重要角色的新兴市场及区域经济金融合作的发展令全球瞩目。中国积极推进"一带一路"建设，加强区域经济合作，建立区域风险防范机制，特别致力于维护和加强亚洲的发展与稳定。全球化与区域整合的交织演进是国际体系演变给中国提出的重大课题。特别是在全球化面临重大挑战而区域经济合作又充满政治经济博弈与角力的情况下，如何通过参与和推进全球和区域经济合作，抑制不利因素、构建和维护一个建设性的国际环境，是摆在中国面前的一个重大课题。中国是亚洲乃至世界的主要国家之一，任何缺少中国参与的有关全球或亚太区域的经济安排都是明显不完整的。

（二）全球贸易投资规则重构是中国面临的重大挑战

传统的贸易规则由经济实力最强的美欧所主导。近年来，中国在全球经济和贸易格局中的地位显著上升。从长远来说，各国经济实力的相对变化也会使各国对贸易规则的影响力产生变化。美国、欧盟和日本希望联手来继续主导全球贸易和投资规则的制定，维护其传统的利益格局。对于经济实力日渐增强但尚未完成现代化转型的中国，在新一轮全球贸易投资规则的调整中，应该更主动地谋求与自身实力和发展阶段相当的地位，在全球贸易规则的发展过程中发挥应有的作用。

一系列高标准规则和区域合作框架由美欧等发达经济体

引领的现状，对中国构成了很大的压力，但也并不意味这些规则和框架与中国利益有不可调和的冲突，也不意味着中国在新格局形成过程中无法发挥作用。中国在市场经济的发育程度、国际经济协调能力、贸易政策自由度及国内经济治理的完善程度方面，与美、欧、日等发达经济体还有不同程度的差距。美国和欧盟推出了体现其国家利益和经济发展程度的高标准规则，具有一定的先进性和引领性，但也有深思熟虑的排他性竞争。中国应该通过国内改革来适应那些有利于中国经济发展的规则，同时也应百折不挠地争取在新规则和新框架形成过程中的参与权和谈判权以保护自己的利益。中国应该通过多边、区域、双边等层面，协调新兴经济体、发展中国家、金砖国家和亚洲国家的利益，平衡发达国家和发展中国家的诉求，推进适合全球贸易投资发展的新规则体系。

（三）增强中国全球资源配置能力，提高国内治理水平，加快经济现代化步伐

密切关注并适时参与国际贸易投资新规则和新秩序的重构是事关中国今后发展方向和中华民族崛起的大事，其深远的影响将大于当年的"入世"，对于抓住新时期的发展机遇、以开放谋发展促改革具有十分重要的意义。一是要致力于在战略上适当地规范和协调中国与其他主要大国的经济利益关系，争取获得合理的国际贸易投资规则话语权，推动形成有利于中国开放型经济的多边贸易与投资规则。二是要致力于提高中国在全球配置资源的能力，降低中国企业的境外投资

壁垒，提高境外投资权益保障，减轻国内环境资源压力，并应对人口老龄化导致的劳动力等一系列生产要素的调整。三是要提高中国在开放经济环境下的国内治理水平，进一步推动司法体制和行政管理制度改革，带动外汇和资本管理体制、关税制度、土地制度、企业制度乃至农业政策等多方面改革。新贸易投资规则与中国正在进行的全面深化改革有很多一致或相近的地方，应结合国际贸易规则重建来推进国内改革，打造中国经济的开放升级版。

以全球意识、开放视角和前瞻性眼光看待中国的利益

要想正确应对挑战，需要先做一些基本判断。

第一，进一步扩大开放是必要和可能的。中国部分行业大幅降低关税有助于中国产品竞争力的提高，并改善国民福利水平。目前中国平均关税税率是9.5%，全球平均水平是6.95%。虽然中国已是中等偏上收入国家，但中等收入国家的关税比中国也低，因此中国关税是明显偏高，可以往下降。以汽车产业为例，当前较高的关税安排同时保护了包括合资企业在内的中资和外资，严重侵蚀了广大消费者的购买力，也使中方合资伙伴失去自创品牌的进取心。大幅降低关税将对合资掩护下的内外资品牌的超额利润形成挤压。民族品牌在市场销售、技术合作和兼并扩张方面可以获得更大的国际空间。事实证明，中国国产品牌汽车在亚、非、拉等第三方发展中国家市

场与发达国家品牌相比具有相对比较优势。与此同时，大幅降低关税有利于中国降低企业成本和居民生活成本，大大改善国民福利水平。事实上，零关税环境对发展民族品牌会形成真正的激励，如华为等电信企业是在无关税保护的环境中发展成世界一流企业的。

　　第二，扩大开放可以缓解中国面临的资源约束。首先，中国可在合理范围内进口更多食物满足生产消费所需。目前中国常用的粮食安全概念范围狭窄，主要涉及谷物、豆类和薯类，而国际上强调的食物概念更为广泛，不仅包括谷物、粗粮，还包括肉禽蛋奶、蔬菜、水果、水产品和其他所有能吃的食品。国际上更多强调的是食物安全，中国也应在这一概念的基础上制定更加科学的食物安全战略，转变单一粮食安全观，树立综合化的食物安全观。其次，中国要确定粮食保障重点，树立分层次的粮食安全观。口粮、种子用粮是必需品，应纳入政府粮食安全保障范围，饲料用粮和工业用粮是奢侈性消费，不应全部划入粮食安全保障范围。中国经济实力快速提升，国际购买力大幅增强，但耕地和水资源开发过度，污染严重，粮食长期生产能力遭到破坏。如果继续坚持粮食高自给率战略，继续对国内耕地与水资源进行过度利用，反而使未来中国粮食安全面临较大风险。在此背景下，我们应当把视野更多地投向国际市场，通过从周边和海外进口与国外种植等措施来满足国内多样化的食物和粮食的消费需求，建设多元化的食物生产与供给渠道，提高中国食物供给的灵活性和安全保障能力。

在考虑国际贸易对国内就业影响时，要看到未来中国人口结构变化的趋势，看到农业人口进一步转向工业和服务业的必要性和可能性。因此从发展的角度看待部分农产品市场开放对农村就业的冲击问题。2013 年农村人口数量约占全国总人口的 50%，城镇化率也仅为 53.73%。未来城市化率的进一步提高要求解放更多农村人口。随着农业劳动生产率的提高，农业人口继续减少是大趋势。

第三，中国资源的全球化配置需要高水平国际规则的保护。通过采用高标准的投资准入和投资争端解决机制，不仅会创造更好的外商投资环境吸引外资流入，更可为中国企业走出去提供便利和支持。目前，中国已经是世界最大的资本输出国之一，并已从资本净输入国变成资本净输出国，如何保护中国资本的海外利益已经成为一个重要课题。同时，在推进"一带一路"建设中，中国企业海外投资规模将会迅速增长，企业海外投资风险同样会上升。因此中国需要与投资目的地国家签署更高标准的投资保护协定，从市场准入、投资保护以及投资争端解决等各个方面支持中国企业走出去。

第四，中国经济的创新升级需要高水平的知识产权保护。目前中国创新能力不断增强，2013 年中国以 21516 件的专利申请总量超过德国位居世界第三，仅次于美国（5.7 万件）和日本（4.3 万件），比一般 TPP 成员具有更强竞争优势。从专利申请的增速看，中国专利申请量较 2012 年增长 15.6%，增幅在专利申请量排名前十的国家中居首，其次分别是美国（增长 10.8%）和瑞典（增长 10.4%）。2014 年，中国的专利申请数量已超过美、日而居世界第一位。这说明中国正迅速成为专利申请大国，也说明未来中国在知识产权保护方面也将有更多的诉求。

第五，"国企竞争中性"原则与中国建设一个兼顾公有制与市场经济原则的社会主义市场经济的努力是完全相容的。"竞争中性"并不是排斥国有企业，但要求公平竞争，主要针对获得廉价资源如低息贷款的国企。但中国的实际情况是，存贷款利率已经基本实现市场化定价。防止国企垄断和过度占用社会资源也是中国未来改革的方向。根据经合组织（OECD）的竞争中立原则，第一条就是说"政府商业活动要公司化"，这一条与中国国企的市场化改革就有交集。第二条是"识别企业直接服务公共成本"，要把国有企业的直接成本区别开来，就是政策业务有一个分账处理。第三条规定"以商业回报率考察国有企业"，如果国有企业长期低回报、亏损经营，显然国家在补贴，是不正当竞争，这实际上也是中国国企应当使用的考核标准。第四条是"对国有企业公共服务合理补偿"。第五条要求"税收中立"，即不能对国企税收减免或者是低税率。还有"政府采购中立"，政府采购的时候要竞争性招标，但是国企参与竞争时不能享受优惠；或者参加竞争性投标的国企本身应该满足上面说的那些条件。美国对国企竞争中立的要求虽然更加苛刻，但可以通过谈判与多方博弈求得共赢。

中国要做国际贸易投资规则重建的参与者和推动者

　　中国只有积极主动地拓展以本国为中心的自由贸易圈，才能与美国或欧洲为中心的自由贸易圈比较平衡地博弈。中国倡导的"一带一路"，中国和亚太国家推动的"区域全面经济伙伴关系协定"（RCEP）谈判、中新自贸区、中瑞自贸区、中韩自贸区和中澳自贸区等的建立都是中国所做出的积极努力。美国主导的"跨太平洋伙伴关系协定"（TPP）、"跨大西洋贸易与投资关系协定"（TTIP）、服务贸易协定（TISA）和美式双边投资协定（BIT）（2012 年）谈判则代表着发达国家试图引领全球贸易与投资规则发展的主要工具，但目前中国只开展了中美 BIT 谈判。对于当前的局面需要进行必要的评估。

　　首先，由于中美 BIT 谈判仅涉及投资领域，不涉及 TPP 和 TISA 谈判，即使中美 BIT 谈判达成协议，中国仍然是 TPP 和 TISA 的局外人。其次，TPP 和 TISA 谈判中的很多议题（如国企竞争中立、知识产权保护、劳工与环境标准、电子商务、金融领域开放等）虽然对中国有相当挑战，但也并非不可逾越的障碍，很多内容甚至符合当前中国多领域的改革目标，未参与其中使中国失去了一个很好的统筹开放与改革的机会，但这更多地体现了美国的国际政治战略和意图。再次，中美 BIT 谈判的适用范围只限于中美双方，难以像 TISA 或 TPP 谈判覆盖更广泛经济体，短期内对在全球范围内促进中国企业走出去、保护企业海外利益作用有限。同时 TPP 的规则一致性（主要是降低非关税壁垒）、更严格的原产地规则等可能导致中国在全球价值链中的地位下降，降低中国潜在出口和产出增长率，这是仅仅签署中美双边投资协议所不能解决的问题。

在中国加入 WTO 前，由于对自身比较优势的动态变化认识不够深刻，曾引发国内对于是否要加入 WTO 的激烈争论。中国要有效参与国际贸易投资规则的博弈，需要建立在全面摸清自身家底、且权衡参与国际分工利弊的基础之上，以历史的、开放的视野，从国家安全、资源禀赋和比较优势等多个方面进行评估，特别是对制造业、农业和服务业的国际比较优势进行梳理和前瞻性的权衡，为中国对外谈判和参与国际经济规则制定提供顶层设计和战略取舍的依据。

中国需要加强前瞻研究和内部协调，形成和强化改革共识，既要全面有序推动国内改革，又要努力成为国际贸易投资规则重建的参与者和推动者。

首先，中国应成为国际经济规则制定的积极参与者。要做"参与者"就意味着中国不能缺席任何重大多边或区域性贸易投资协议，尤其是对于影响全球贸易投资新规则制定的谈判，中国要积极参与其中。中国虽然在经济规模和贸易总量方面已成为仅次于美国和欧盟的第三大经济体，但在经济结构、国际金融交往水平、市场经济体制的成熟完善程度以及国际规则话语权制定方面与发达国家相比还有相当大的差距。应该以国际经济秩序调整与重构为契机，参与诸边、区域自贸协定谈判，形成国际伙伴愿意接受、同时有利于中国进一步发展的、开放的多边贸易投资规则。

其次，中国应做不断改进国际贸易投资规则的推动者。作为推动者，就要求中国能够站在全球体系思想者和设计者的角度，在充分熟悉和掌握现代开放市场经济基本理念和规律的条件下，总结现有规则的不足，洞察未来的发展方向，率先发起新议题。新的议题要既能推进自身利益，也能反映其他伙伴方的合理诉求，能推动新的规则向更加公正合理的方向发展。

高度关注战略风险，争取把握博弈主动权

应当看到，中国的战略机遇期也同时是战略风险期。要坚决避免让一些看似偶然或局部的因素改变中国发展的历史进程。一要避免由于我们对自身比较优势和进一步开放的必要性研究不够或认识不足，导致各部门从本位立场出发，无法及时做出战略权衡和取舍，拿不出足以推动对手达成协议的方案。这样将不仅无法使那些新的双边自贸协议成为中国手中的有力杠杆，也难以推动 RCEP 谈判，难以及时完成 BIT 谈判，也难以有效应对 TPP 等谈判。高质量的自由贸易协议一定是双方做出深度让步从而形成彼此依赖和一体化的协议。二是要避免因看不到中国经济进一步改革开放和不断升级的发展趋势，把对中国有积极意义的一些新规则完全当成威胁，从而错失机遇，延缓中国现代化的历史进程。三是要管控好地缘政治风

险，防止因地缘政治博弈强度升级动摇中国建立开放的市场经济的决心，造成现代化进程的中断甚至逆转。

中国虽可主动提出参加TPP谈判，但不必为此背包袱。因为中国还可进一步推动"一带一路"建设，与俄罗斯的欧亚经济圈概念对接，并上升到制定规则的层面。中国还可充分利用亚洲基础设施投资银行和金砖国家新开发银行的平台，从项目合作向全面经济贸易合作发展。

中国同时要加强自身与多数TPP成员国的双边自贸安排，在这些安排中加大对己有利的制造业、农业和服务业的开放力度，善于利用原产地等规则奖励与己达成协议的国家，促使美国充分认识到将中国排除在TPP以外对自身造成的伤害。事实上中国如果不能加入TPP，则TPP中那些没有与中国订立双边自贸安排的国家会失去中国这一世界上最大的制造业、农业和服务业市场，对于那些以全球市场为争夺目标的跨国公司和金融机构而言，这种损失将是难以容忍的。

实行多边、区域和双边并重的对外开放策略

总体上，中国应该以国内进一步改革为基础，多边、区域和双边多管齐下，全面推动中国的对外开放战略。中国的对外开放战略必须是立体性、全方位的，并不局限于某一种模式。

（一）中国首先应在WTO中发挥更积极的作用，推动多哈回合谈判进程

中国应在多边贸易谈判和多边贸易体系的改革中表现得更加积极主动。无论是发达国家还是发展中国家，对多边贸易谈判受阻都不会感到满意，尤其是对于中国这个世界贸易组织（WTO）体制最大的受益者之一而言，全球贸易自由化进程受阻对中国的影响不容低估。随着中国经济地位的不断上升，在经济领域的国际治理中，中国应适当积极作为，既维护自身利益，又为世界经济的平衡发展作出自己的贡献。

WTO是规范全球自贸体系的关键一环。WTO仍是当今全球贸易投资治理体系中制度最完备、运作最规范、影响最广泛的体制。中国可以为打破多哈回合的僵局作出自己的贡献，推动在电子产品、机械产品、化工产品、部分农产品和金融服务领域降低关税或降低市场准入门槛。

（二）加快以中国为主要伙伴的自贸区建设

在当前WTO多哈回合谈判进展困难的情况下，美国等发达经济体把注意力转移到区域和双边自贸区谈判上面。在此背景下，中国也要适时寻求在区域和双边层面开拓战略纵深，积极融入并引导新的区域和双边贸易和投资一体化浪潮。为此，中国需要加快参加并主导新型自贸区建设。

一是发展和深化同美国等发达国家的共同利益，积极探讨中美自贸区概念，推动包括美国在内的亚太自贸区

(FTAAP) 谈判。二是亚太自贸区的概念从提出到谈判直至最后达成协议预计要耗时长久，因此中国要同时加快推进 RCEP 谈判，作为 TPP 以外的平行选择。三是把现有中国—东盟自贸区和其他国家的自贸区升级，在市场准入、农产品市场开放、服务贸易及投资等相关领域加大开放力度。积极推动升级中国—瑞士自贸协议，显著提高金融领域开放水平，对其他发达国家金融部门形成压力。四是与以中国为最大贸易伙伴的国家优先进行双边自贸区谈判，甚至发起最大贸易伙伴国的多边谈判，并尽快签署协议。五是配合"一带一路"建设，尽力展开并完成和"一带一路"沿线国家的双边和多边贸易与投资协议谈判，把"一带一路"建设从项目层次提升到制定统一规则的层次。六是以中韩自贸区协定撬动中日韩自贸区谈判，尽早与加拿大完成双边 FTA 谈判。总之，通过签署和升级更多、更高水平的自贸和投资协议，可削弱 TPP 等自贸区对中国的负面影响，构建以中国为重要参与者的全球价值链体系，给协议外的其他国家造成必须与中国谈判的压力。

（三）加快国内配套改革，提高资源配置效率和产业竞争力

通过加快国内配套改革，提高效率和竞争力。一是加快要素价格形成机制改革，特别是推进汇率形成机制改革。逐步开放资本市场，提高金融业的内资和外资的准入水平。二是加快国企改革，增大市场竞争，消除垄断，对有条件的企业推进民营化进程。三是推动劳工标准、环境标准逐步与国际接轨或

靠拢。四是加大知识产权保护力度,推动知识产权保护标准与国际接轨。

加快农村土地流转和现代农业综合配套改革,规范和促进农地流转,适当扩大农业生产规模,通过政府的有效支持提高农业生产能力和比较收益,降低农业生产成本,增强中国农业竞争力,有效提高抵御进口农产品冲击的能力。此外,在确保口粮安全的基础上,要按照国际相对比较优势,充分发挥国际分工和市场机制作用,扩大进出口规模,做好国内受到进口影响的相关农业部门劳动力的疏导、培训和转型。加大对国际农业资源和市场的开发与利用力度,实现满足国内需求、加强生态环境保护和提高农业综合效益的多元目标。

中美博弈的前途

2014 年 11 月,北京亚太经合组织(APEC)峰会决定启动和推进亚太自由贸易区进程,批准《亚太经合组织推动实现亚太自由贸易区路线图》,这对于亚太地区经济一体化具有重要意义,可为亚太地区带来增长新红利。亚太沿岸地区国家的贸易量和 GDP 将会超过大西洋两岸的国家,所以亚太自贸区的不断推进和发展将对全球的经济增长、福利改善、财富增加产生非常大的推动作用。

目前中美两国的博弈有点像"圈地"。美国带头搞 TPP 并不断扩大范围,同时把中国排除在外。美国"重返亚太"的政治考虑不容忽视。它把 TPP 作为一个工具和筹码。如果 TPP 越做越大，而中国又越来越孤立，那么将来中国想进入 TPP，可能签的就是城下之盟。但是，在博弈中，中国首先加快了自己的开放步伐，包括提出"一带一路"倡议，上海等自贸区的正式成立，沪港通的开通，中韩、中澳自贸协定的谈判并达成协议，以及亚投行、金砖国家新开发银行和丝路基金的建立等。

中国希望通过和平共赢的全球化实现自身的现代化。中美两国在多方力量相互制衡的世界舞台上，都不应寻求零和博弈。最好的结果，还是双方以经济发展的规律为基础，互相尊重，互相开放，互相融合。这是中国应该走的一条路，而且也应争取美国能够选择跟中国相向而行，这种前景对中美两国和整个世界都是有利的。

在"税收法定"轨道上
推进房地产税改革

贾 康

在曾有过多轮社会热议之后,党的十九大闭幕以来,中国社会舆论场中,又再次出现关于房地产税改革的热议局面。

税收法定,加快立法

税收是政府"以政控财,以财行政"来履行其职能的基础性制度,中国构建现代化经济体系、走向现代化社会的过程中,无可回避地必须经历税制改革的历史性考验。税制中在住房保有环节的房地产税(亦可称房产税、物业税、不动产税等;美国称 Property Tax;英国称 Council Tax;中国香港特别行政区称"差饷")是纳税人税负很难转嫁的直接税,讨论它在中国大陆"从无到有"的改革,必然牵动千家万户、亿万公民的利益和感情,并遭遇全世界皆然的民众"税收厌恶"倾向下表现出来的不满、质疑、抨击乃至群情汹汹的舆论压力。但税收制度的建设，却是无法简单地依据一般的舆情和"少数服从多数"的公决来决定的，现代文明的相关规范，是在我国亦早已明确的"税收法定"，即通过"全面依法治国"原则之下的税收立法程序，决定一个新税种可否设立，以及依据何种法定条款开征。税收法定原则，在人类文明发展路径上，国际经验可以追溯到 1215 年英国"大宪章"限制王权的渊源，和北美 13 个英属殖民地 1763—1776 年间首提的"无代表不纳税"的法理原则，在中国则可以援引辛亥革命推翻千年帝制之后，国人关于"走向共和"的共识，它体现的是在公共事务、公共资源配置领域解决"如死亡一样无可回避的税收"问题的"规范的公共选择"机制，即社会代价最小、最符合人类文明发展基本取向的博弈机制。我国的国名就是中华人民共和国，所谓"共和"，不是只强调民主或只强调法制，而是强调社会成员尽可能充分地表达不同意愿、诉求后，经过阳光化、规范化的立法程序而达成的"最大公约数"的社会和谐状态，是民主与法制结合而成的"法治"，是现代化国家治理的真谛。以此对应于税收，可知"共和"取向下的税收法定，就在是使必然各不相同的种种"民意"，经过阳光化的立法过程，结合理性、专业的意见引导，最终形成合理性水平尽可能高、最有利于"公共利益最大化"的可执行的税法。

　　我国执政党中国共产党的十八届三中全会，在确认"税收法定"的同时，还明确地指出了"加快房地产税立法并适时推进改革"的大方向，呼应"逐步提高直接税比重"的财税配套改革要领。这与前面党的历次最高层级指导文件的精神是一脉相承的，但在操作路径指向上的清晰性则前所未有，但令人遗憾的是，改革实践中始终没有真正看到立法的"加快"。党的十九大报告指出：要"加快建立现代化财政制度"，"深化税收制度改革，健全地方税体系"，又是与党的十八届三中全会的要求及其后中央政治局审议通过的财税配套改革方案的设计一脉相承、相互呼应的。

直率地说，近些年最高决策层关于房地产税在税收法定路径上"加快立法"的明确要求，与我国改革实践中启动立法的行动"千呼万唤不出来"、举步维艰状况的巨大反差，直观上是表现了立法机关实际的"不作为"，其后面却是与改革深水区"冲破利益固化藩篱"的极高难度相连的种种苦衷。体制内早早就着手编写、修改过不知多少遍的草案文本，总会面对种种理由、顾虑而对其正式提交全国人大启动一审一拖再拖。但迟迟不做此举，草案一直秘而不宣，社会公众却对官方断断续续透露的一些相关信息和口风极为敏感，多次热议，舆论高潮频频出现于十余年间，客观上形成的，可能就是民众焦虑情绪的积累、传染、激荡，而较好的改革时机可能丧失，政府公信力则会发生滑坡，如此等等。这些不良效应，会加重甚至恶化党的十九大指出的"社会矛盾与问题的交织叠加"，值得高度重视。

应当强调，在税收法定轨道上，以"加快立法"方针、"立法先行"原则而积极启动并规范化走完我国房地产税的立法程序（具体链条为启动其草案的一审、将草案文本公之于世征求全社会的意见，并继续向前推进到二审、三审乃至四审以求完成立法），恰是使全社会成员运用公民权"走向共和"式地形成"规范的公共选择"的重大而关键的事项。"立法先行"，进入立法程序，是最好、最权威的房地产税改革方案的研讨与谋划、博弈机制，是改变民间议论隔靴搔痒、内部研讨久拖不决、有可能贻误改革时机和现代化大业这种不良状态的必要风险防范和控制，是中国人阳光化地寻求最大公约数、经受建立现代税制历史性考验的重大机遇和应取机制。

我认为在当下，本着2017年中央经济工作会议"在经济体制改革上步子再快一些"，"推进基础性关键领域改革取得新的突破"的指导精神，亟应在房地产税税收法定、加快立法路径上积极取得各方的如下共识：

【起点】应寻求的共同点一：不再延续"体制内保密、社会上空议"局面，积极启动相关立法，使房地产税草案进入一审，对全社会公布已有初稿，征求各方面意见，听取全社会的诉求与建议，必要时结合研讨举办系列听证会。

【推进】应寻求的共同点二：排除极端化的对住房保有环节税收全盘否定意见，明确在中国实施这一税收改革的必要性，进而聚焦于研讨税改方案的可行性。

【再推进】应寻求的共同点三：在"可行性"上的研讨应积极廓清至少以下六大问题：

1.法理障碍问题，即是否存在"国有土地上不能对房产征税"和"与土地出让金构成重复征收"的"法理硬障碍"。

2. 广义的房地产税制与相关房地产开发、交易、保有各环节各类负担的全面整合、配套改革问题。

3. 住房保有环节房地产税制度设计如何处理"中国特色"问题——最为关键的是如何处理"第一单位免征（扣除）"的方案选择，以使社会可接受地先建成此税制度框架。

4. 如何认识和防范此税开征可能引起的社会冲击问题（是否可能、如何防范此项税改引发房地产领域、国民经济乃至社会的动荡，成为所谓"压垮稳定局面的最后一根稻草"）。

5. 开征此税必须处理好的技术与管理问题（是否可以及如何依据市场"影子价格"作税基评估，如何实施公众参与和监督等）。

6. 此税如能完成立法，如何在其后按照中央对地方充分授权、分步实施的要领渐进推进、适时地区分不同地区不同时点开征。

房地产税改革的必要性、可行性与推进要领

我本人对房地产税在我国开征的必要性、可行性和设计与推进要领的看法，可简述如下。

必要性方面可以梳理出五大正面效应：

一是房地产税为房地产市场及相关领域的运行产生一种"压舱促稳"的作用。它在保有环节上形成的可估量的年复一年的成本，会引导相关主体的预期和他们的行为，产生的效果

一定是有利于抑制肆无忌惮的炒作。经济行为分析中涉及的无非就是利益考量，在这个持房成本方面造成制约以后，行为会往哪方面发生变化？这种成本会在抑制肆无忌惮的炒作的同时，也一会鼓励越来越多的人在购买选择上面更多考虑中小户型——特别有钱的人不会太在乎，但是更大比重的人们在财力上总是要掂量掂量地作选择的。原来是努力买个大户型最满意，现在考虑到以后可能要有税的调节，便会放松这方面的要求，改为中小户型，其他的什么地段、楼层、朝向，按自己偏好还是可以一丝不变的。还有就是会减少空置。有些人手上愿意持有几套房的，当然可以继续持有，但是很多人会考虑在持有期间把房子租出去，来对冲税负这个压力。有一部分人说有了一套基本住房以后，还愿有第二套、第三套，这叫改善性住房，买改善性住房的同时，因为有一些基本的经济知识，认为是给自己买了一个"商业化的社会保险"，因为自己有生之年买的第二套、第三套房，其市价演变会符合城镇化过程中间不动产成交价的上扬曲线，有这个信心，依此不是做买了以后就很快出手的炒房。但是，有了税以后，他会考虑不再让房子空置，会把它租出去，于是就有了租房市场的增供，而社会在这个情况下带来的结果是什么呢？上面这些效应综合在一起，提高了土地的集约利用水平，提高了资源配置的效率。整个社会在减少空置房方面，是没有一分钱新的投入，但一下子涌出一大块有效供给，会促进租购并举局面的发展，这当然是好事。这是房地产税在房地产市场方面的所谓"压舱促稳"作用。有的同志特别强调："从所有的案例观察，上海也好、重庆也罢，收税以后没看见它们的房价回调。美国也好，日本也罢，收了房产税也没有看到房价回调，所以收房产税对抑制房价没用。"我不认同这样的分析，经济学分析中需要把所有的参数合在一起，然后尽可能看清它们的合力，这个合力中，不同因素其作用方向是不一样的。你还得反过来问：为什么美国也好、日本也好，其他的经济体也好，到某个阶段上一定就得逼着推出房地产税？如果不推出房地产税，以后的房价会是怎么表现？你得问：重庆、上海如果没有房地产税的试点，在这一轮一线城市行情的发展变化过程中，上海的房价是不是会上升得更猛？重庆是不是不会只有 5% 的上升幅度？需要这样来探究问题。不能说这个税出来以后，一招鲜就吃遍天，就决定整个的走势。它不是定海神针，但是它是使整个方案优化的选项中的必要选项，该选而不选也是不行的。税不是万能的，但是税制应有的制度改革进步，我们不去推动，又是万万不能的。

　　二是房地产税与地方政府职能合理化是内洽的，它会"内生地"促进地方政府职能转变。我们都希望地方政府专心致志地稳定和改善投资环境，提高公共服务水平，如果它的财源建设中以后可培养出来一个不动产保有环节大宗稳定的收入，是年复一年依靠在辖区内的持房有环节取得税收，那么恰恰就是这样一个机制。经济学逻辑与案例经验都在证明，房地产税就是这样一个与市场经济所客观要求的政府职能合理化内洽的引导机制。一旦地方政府意识到它只要把自己该做的"优化投资环境，提升公共服务水平"的事做好了，也就会使辖区

内的不动产进入升值的轨道，每隔一段时间做一次税基评估，
就是在套现"财源建设"的成果。尽政府应尽之责就把财源建
设问题基本解决了的话，它有什么必要像现在这样拼命去做其
他那些它认为不做就出不了政绩、就解决不了财源建设的事
呢？这样的国际经验和我们自己在现实生活中的分析都可以来
做印证。这是与所谓转变政府职能内在相关的、一个十分值得
肯定的正面效应。

三是房地产税会在给予地方政府一个稳定长久的财源、
使它成为地方税主力税种之一的情况下，匹配我国搞市场经济
必须建设的分税分级财政体制。分税制要求必须做好地方税体
系建设，它最基本的道理是说，到了分税制境界，是实现经济
性分权。原来我国体制有集权也有分权，在分灶吃饭的时候只
是做到了行政性分权，各级政府仍然按照自己的行政隶属关系
组织财政收入，一个地方政府辖区之内的不同层级的企业，都
是按照隶属关系，把自己应该交的收入交到不同层级政府婆婆
那里，所以仍然是条块分割，"婆婆"对"媳妇"会过多干预
和过多关照，仍然不能解决使所有企业在一条起跑线上公平竞
争、从而真正搞活企业的问题。1994 年实现的是这方面的一
个重大突破，使所有企业不论大小、不看行政级别、不讲经济
性质、不问隶属关系，在税法面前一律平等，该交国税交国
税，该交地方税交地方税，至于说共享税，由中央地方自己在
体制内去区分，企业就认一个税法。交税以后，后面可分配的
部分，按产权规范和政策环境自主分配。这样，就把所有企业
公平竞争的"一条起跑线"真正刷出来了，也打通了以后包括

国有企业淡化行政级别、发展混合所有制概念之下的股份制和跨地区、跨行业、跨隶属关系"兼并重组"的通道。因此，这个制度变革的意义是全局性的、意义深远的。既然搞市场经济，必须搞分税制，而分税制要可持续运行，就必须解决地方层级税种配置概念下的地方税体系建设问题。中国现在没有像样的地方税体系，省以下迟迟不能进入真正分税制状态，我们维持的实际上是中央和以省为代表的地方之间的这样一个以共享税为主的分税制框架。值得肯定的是，共享税虽越搞越多，但是所有的共享都是规范地一刀切的：上海、北京按照原来的75%：25%，现在的50%：50%来分最大税种——就是增值税，西藏、青海也是这个办法，这就封杀了原来的讨价还价、"跑部钱进"、靠处关系来形成财力分配"吃偏饭"的空间，使得最基本的分税制度的公正性看起来能够得到维持。但是，这也不是长久之计，不能总是主要靠共享税过日子。应该进一步调整到有中央和地方各自大宗、稳定的税基，不得已的部分才处理成共享税的状态——这才是百年大计。现在在省以下落实分税制方面往前推不动了，不要说欠发达地区，就是发达地区在省以下也不是真正实行了"分税制"，还是"分成制"，到了一些困难地方和基层，干脆就是"包干制"。所以，这些年说的"地方财政困难""土地财政"，还有"地方隐性负债"，所有这些弊病都关联一个非常重要的判断："打板子"应该打在哪里？有人说这是1994年"分税制"造成的。错！我们认为这是一个大是大非的判断，它恰恰是由于1994年"分税制"在省以下不能够落实、是由于我们过去的那种毛病百出的财政分成、包干旧体制在省以下由过渡态演变为凝固态造成的。那么这个体制怎样才能够调整过来？从技术上来看，有很多的分析，我强调大前提是扁平化：五级分税走不通，三级分税就可能走通了。而三级分税框架下一定要有地方税体系建设。所以看起来房地产税跟财政体制似乎还隔着好远，其实并不远。眼下哪怕能推出房地产税，也不会一下变成主体税，但从国际经验和中国情况下的分析预测来说，以后是可以逐步把它培养成地方税收体系里面的主力税种之一的，这当然具有非常重要的制度建设意义。

四是房地产税改革正是贯彻中央所说的中国逐渐提高直接税比重的大政方针，总体上降低中国社会的"税收痛苦"。直接税是现代税制里面非常重要的税种，国际经验表明它应具有主体税种这样一种地位。趋向现代化的国家都是直接税为主，但在中国的现状恰恰反过来了，我们没有多少像样的直接税。企业所得税一些人把它认为是直接税（但学术讨论中尚存疑），在中国它的比重稍微像样一点，但个人所得税在整个税收收入中这几年只占6%，即1/20出一点头，是非常边缘化的一个税种。美国的个人所得税最新的数据是占联邦政府收入的47%，差不多是半壁江山了，再加上与它的社会保障相关的工薪税，美国联邦政府80%左右的收入就是靠这两种税过日子的，也就是说，主要靠这两个税就履行中央政府职能了。它的州一级也要在个人所得税里按比例税率拿一小块，一般情况下要占到州财政收入10%。现在特朗普减税，主要是减企业所得税和个人所得税，但中国要照这个学，绝对学不来，因为我们的税制跟它几乎完全不是一回事。我们在直接税方面占比低，不能起到经济的自动稳定器的作用，不得已靠间接税唱主角，而间接税恰恰不是稳定器，它还是加大我们运行矛盾的一个"顺周期"机制，以及加大收入分配矛盾的一个"累退"式调节机制；间接税会进一步强化中国社会低中端收入人群的税收痛苦，因为它转嫁到最终消费品价格里面要占相当大的一个负担分量。如果按照建立现代税制的方向来说，逐渐提高直接税比重现在可打主意的一个是个人所得税纳税人的高端，还有一个就是财产税概念之下的房地产税。当然，还有一个以后条件具备的时候才可以考虑的遗产和赠与税。遗产和赠与税现在只能研究，在官员财产报告和公示制度不敢正式推出的情况下，怎么能设想政府堂而皇之地要求所有的公民自己把财产报告给政府，准备身后接受遗产和赠与税的调节呢？与房地税相比，它更需要在法理上面说得过去的约束条件与公信力交代。至于说房地产税里面的法理问题的澄清与解决，后面我会专门再说。

五是房地产税主要落在地方低端，是一个培育我们中国社会从底层开始的法治化、民主化的公共资源配置机制、规范的公共选择机制的催化器。人们了解到美国地方政府靠财产税过日子的基本情况后会说，这不就是个"民主税"吗？我多年前就注意到，美国政府三层级中的最低端 Local 层级，你看它的财产税（他们所称的财产税讲的就是房地产税），所占的收入比重一般没有低于 40% 的，高的则可以高到 90%，虽然差异性很大，但它无疑是一个非常主力的税种。这个税种怎么征呢？一般情况下，当地的预算制定过程是阳光化的，要说清楚，年度内其他所有收入计算完了以后，按满足支出需要差多少财力，就可据此倒算出一个当年的房地产税税率，这个税率要落在法制给出的区间，一般不超过 2.5%。倒算出这个税率经当地走预算决策程序认可而执行。再往后，这个辖区之内所有的家庭、有房地产的纳税人交了税以后，跟着就会问："这个钱怎么用？"美国地方政府普遍会向纳税人书面提供细致的相关信息，纳税人有知情权以后，自然而然后面就跟着会行使质询权、建议权、监督权、参与权（即参与公共事务），这样就形成了一个"规范的公共选择"的机制，这就是"民主税"呀。实际上，在中国，要想进行正面表述的政治体制改革是千难万难的，一般的媒体连概念都不敢提，只有高层领导人敢提一下。在这种情况下，美国"进步时代"的启示就是：能做的事情，"形势比人强"的事情，应该从基层、从大家绕不过的方面着手。在直接税的建设方面就有这样一个切入点，切入了以后，大家就必然要关心地方所有的公共资源的配置。这样，在法治的条件下，大家进行公共参与、公共选择，于是就会自下而上地、很好地促进培育出中国"走向共和"的政治文明进步机制。

以上是五个大的方面的正面效应，从构建现代社会的视角可看得出，这些正面效应是非常宝贵的。

接着须讨论，房地产税的可行性怎么样？

我认为可以通过回应最主要的五点诘难来说明：

第一，很多人讲国外这个税，可是在土地私有的情况下征收的，而中国所有的城镇土地都是国有的，还在上面再加一道税，这不是法理上面的硬障碍吗？包括一些很高端的人士也都说过这个意思，网上更是广泛流行此种诘难。但我们作实证考察，国外可不是如所谓一律土地私有的情况，比如英国是工业革命发源地、典型的老牌资本主义国家，但它不是所有的地皮都私有，既有私有土地，也有公有土地。公有土地里面还有不同层级政府所有、公共团体所有的区别。建筑物（包括住房）和下边土地的关系方面，大的区分是两类，第一类叫作 Freehold，即我住在这个房子里面，没有任何条件可讲，下面的地皮就是我的，这就是终极产权上地与房是一体化的。另外一种是叫作 Leasehold，我持有这个房产，但地皮是要签一个契约的，使它成为一个合法的占有权、使用权的形式。这个 Leasehold 可以把最终所有权跟使用权极度地拉开，最长它是 999 年，但在法律框架上产权是清晰的，是毫无疑问的，即最终所有权在哪里非常清晰。总之，在英国，土地跟建筑物、跟住房的关系就是这两种类型，但是被称作 Council tax 的房地产税是全覆盖的，并不区分哪种可以征，哪种不能征。再比如中国香港（当然也是源于原来英国治下的既成事实），那里没有私有土地，土地全都是公有的，但是香港征了多少年的差饷，从来没断过，所称的差饷就是住房保有环节的房地产税（至于香港的物业税，是营业性的房产要交的另外一种税）。香港差饷来由也很有意思：你要住在这里，就得有警察来保证安全，而治安警察当差要开饷那么钱从哪儿来呢？大家住在这里，那就参与进来分摊负担吧。所以，从国际的、海外的实践来说，并不存在这样一个人们听起来很有道理的说法，即：只有土地产权私有了，房地产税的合法性才能够成立。再者从理论分析来讲，也可以印证：中国改革在 20 世纪 80 年代前期要解决的问题之一是国营企业要"利改税"，要与其他企业一样交所得税，走了两步达成了这个制度。这个制度建设过程中就有这么一个学理启示：不要以为国有企业产权终极所有者是国家，那么国家对它征所得税，就是自己跟自己较劲。这不对，这些主体是有相对独立物质利益的商品生产经营者，必须加入市场竞争，而竞争又必须要有一个基本的公平竞争环境，所以国家可以通过立法来调节终极产权在政府手里、但是有自己相对独立物质利益的国有企业和其他企业的利益关系，合理的设计是把它们放在企业所得税一个平台上（所有的企业包括外资企业现在是一个平台）。当然后面跟着的还有一个产权收益上交制度，这就合乎了现代企业制度各个角度的审视。这一分析认识实际上可以比照地引申为：现在最终国有土地上的这些住房的持有者是具有相对独立物质利益的、各自分散的主体，在最终的土地所有权归国家的情况下，通过立法可以用征税方式调节他们的物质利益关系，无非也就是这个逻辑和道理。中国大陆上与国有土地连为一体的居民住宅，在其土地使用权（通常为 70 年）到期时怎么办？我国《物权法》已对这一"用益物权"问题作出了明确的"自动续期"的立法原则规定，有关部门应相应制定细则，以回应公众关切和诉求，引导和稳定社会预期。

第二，土地批租形成的地价负担已经包含在房价里面，现在再来开征一个税收，这不是重复征收吗？很多人听了也是愤愤不平。但是，实话实说，不要说地价是租，而这是税，就是税本身，作为现代的复合税制表现为多种税、多环节、多次征，也必然产生重复的问题，真问题是各种不同的税负重复得合理与否的问题，不可能只有一个税，其他统统去掉。而"租"和"税"，更不是两者必取其一的关系，所有的经济体都是在处理它们之间的合理协调关系问题，所以如果理性地说，这个问题也不可能构成硬障碍。

第三，如果按照开征房地产税来做的话，新的地皮和以后其上新生成的住房的供给，价格水平会与原来的有一定差异：原来没这个税收因素的时候，动不动出"地王"，以后不敢说有了这个税就不出"地王"，但最大可能是不像原来那个市场氛围和密集频率，因为各个方面预期都变了，市场更沉稳了，这就是它调节的作用。那么这个价位落差怎么处理呢？必要的情况下，"老地老办法，新地新办法"，中国早就有这些渐进改革中的办法与经验，社会保障方面老人、中人、新人不就是区别对待吗？最后老人、中人因自然规律退出历史舞台了，又回到一个轨道上了，所以这个问题也不形成硬障碍。

第四，有人强调这个税在操作方面过不去。比如一位较活跃的教授，在一个论坛上强调的就是：税基评估太复杂，中国要搞这个税而解决税基评估的问题，那是150年以后的事了！但实际上我国10多年前有关部门就安排有物业税模拟"空转"的试点，也就是要解决税基评估的问题，开始6个城市，后来扩为10个城市。我去调查过，是把所有的不动产基本数据拿到，录入计算机系统，计算机里面早已经设计有软件，分三类（工业的不动产、商业的不动产和住宅），然后自动生成评估结果。专业人士要做的事就是这个软件怎么合理化的问题。在这里面模拟"空转"不就是要解决税率评估和对接操作的事吗？中国早就在这方面考虑到铺垫和技术支撑，没有任何过不去的硬障碍。实操时还会借鉴国际经验来处理好评估结果与纳税人见面取得认可，以及如有纠纷如何仲裁解决等问题。

操作视角还有一种说法就是："这个事情太得罪人，你征这种税，逼着人家来跟你拼命，这动不动会形成大面积的抗税，政府怎么收场？"我们观察重庆，这就可以说到试点的作用——本土的试点其意义的体现。上海、重庆敢为天下先而进入试点，破冰试水，在柔性切入以后，便可看看动静。重庆方案更激进一点儿，敢动存量，涉及的是最高端的独立别墅。辖区内这几千套住宅要交税了，但给出了一个"第一单位"的扣除，把180平方米扣掉以后，才考虑该征多少税。如果恰好是一个小户型的独立别墅，正好180平方米，照样不用交税。重庆做了以后，没有听说产生什么暴力冲突或者对抗性矛盾，没有出现抗税事件，只是少数人迟迟不露面，找不着人在哪儿，其他的交税人一般都是没有多少摩擦就交上来了。可想而知，这些成功人士犯不着为一年交一万多、两万多元的税跟政府去拼命。这些都是本土的试水实验给我们的启发。这方面我虽不认为在操作上就是过不去的事，当然也应强调审慎对待。为什么这两个地方要柔性切入？就是这个事不好碰，但是两地毕竟有战略思维，"敢为天下先"，在本土先行先试。本土的试水经验进入立法过程，它的意义不言而喻，非常宝贵，第一单位的扣除正是从这里也可得来的一个本土案例经验。我一开始就直觉地认识到中国不能照搬美国普遍征收的办法，上海、重庆的做法使我更感受到在中国似乎就应是按照这个技术路线，首先建立框架，再相对从容地动态优化。重庆这个180平方米的边界也在调整，最新调整是收紧了一点，无非就是让社会慢慢适应这个过程，但是一定要做第一单位的扣除。操作方面可能还会有其他一些大大小小的挑战，但无论怎样，总体来说，我认为决没有过不去的硬障碍。配套杠杆如处理得较好，这个税改决不应激生动荡、形成所谓"压垮稳定局面的最后一根稻草"。

第五，如开征这个税，小产权房的问题如何解决？小产权房确实是一个中国特色，有这么多的小产权房，征税时怎么办？我们调研后形成的想法就是：小产权房问题不能久拖不决，必须解决。在深圳调研后已写了调研报告，深圳的实践使我们在这方面已经看出一个前景，就是分类处理，一次把通盘方案摆平，双层谈判（政府不在一线上去谈判，先跟那个小区形成一个框架，小区再向住户做工作，就好像现在拆迁，很多时候都是靠小区层面再做工作），谈妥了以后具体兑现可以分期来。小产权房分类处理是早晚要做的事，早做比晚做更主动、更积极。如果这个房地产税改革能够推动，那我认为正是借势应该倒逼着把小产权房的问题解决，这是好事，必做之事，不是坏事，也不成其为所谓硬障碍的理由。

总体来说，房地产税制改革的推进要领至少应提到这么几条：

第一，按照中央的要求，应该积极考虑加快立法。"税收法定"是一定要做的，但一直到现在，没有看到立法加快，2017 年全国两会信息是："纳入人大的一类立法，今年不考虑，交下一届人大考虑"，把这个烫手的山芋交给了下一届人大，下一届人大五年之内我们希望能够解决。进入一审后多长时间能走完立法全程，确实还不好预计，但关键是先应启动，不宜再作拖延。一俟成立法以后，可以根据情况分区域、分步推进。假定说 2018 年就可以推——这完全是假定，那显然不能全国 700 多个城镇一起动，一线城市，还有一些热得难受的城市，是不是可以作为第一批，先依法实施这个地方税，其他城市区域以后可以从容地分批走，"去库存"压力大的三四线城市慢慢考虑，不必着急。

第二，适应国情与发展阶段，在法定规则中一定要坚持作住房"第一单位"的扣除，否则社会无法接受。"第一单位"社科院曾有方案提出人均 40 平方米。人均多少平方米，我们依靠不动产登记制度可以把信息掌握得一清二楚，但可能还有一些更复杂的事。网上有个反馈意见，它是以假设情景的方式表达的反对：按照社科院方案，人均 40 平方米，有一个家庭父母带一个孩子三口人住 120 平方米，不用交税。但是，不幸的事件发生了，孩子车祸中身亡，在父母悲痛欲绝之际，"当、当、当"有人敲门，政府官员赶到说："你家情况变化，要交房地产税了。"这是以此假设情景表达了对社科院这个方案的不认同，那么给我的启发就是：社会生活中真的发生这种事，政府一定会很尴尬，依法执行吗？那么你就得上门去收，但去依法收税的时候，虽从法条来说严丝合缝，但从情理来说呢？老百姓不认同，执行者自己也会非常难受，那么这个事怎么办呢？没有万全之策，那么通过立法程序大家可以讨论：还有什么可选的方案？放宽一点，可选的方案就是干脆不计较人均多少平方米，按家庭第一套住房来收缴，第一套多大面积都没有关系，反正这就是一个更宽松的框架。但是这个方案也会有问题，如果按第一套房扣，正如有人说的那样"一定会催生中国的离婚潮"，我觉得这也是很现实的问题，因为前面凡是在政策上有弹性空间的时候，公众为了赶上政策"末班车"，屡次出现排队离婚的"离婚潮"。如果按照现在提出的思路来解决问题的话，可能就还得放松，放到单亲家庭扣第一套房、双亲家庭扣两套房，这个事情就解决了。

当然，另外一种意见就是："那是不是差异就太大了？"但我们总得寻找"最大公约数"，潘石屹过去的建议就是从第三套房开始征收，许多人听起来都觉得合情合理。无非是先建框架，寻求"最大公约数"。所以从"第一单位"扣除说的例子值得再强调一下，我们的立法应是一种全民参与，让大家理性地表达诉求和建议，没有绝对的谁正确，谁错误，无非就是找到我们一开始框架里走得通、按照"最大公约数"社会上能接受的税制改革方案。

第三，相关的其他税费改革应一并考虑，处理好协调配套关系，这显然是一个大系统。"房地产税""不动产税"这个概念广义地说包括和房地产、不动产相关的所有税收，再更广义地说，跟不动产相关的其他收费负担、地租等等，也应该一并考虑，优化为一个系统工程。到了具体落实中央所说的"加快房地产税立法并适时推进改革"，我认为主要聚焦的是狭义的保有环节的不动产税，这个概念的不同口径在不同的语境里面要说清楚。但是从宏观指导来说，相关的税费，所有相关负担的改革，一定要放在一起考虑，开发、交易环节的负担总的说应尽量减轻（炒房除外）。这方面的信息与技术支撑条件都有，最重要的是现在中央所说的2018年不动产登记制度要到位，实际上在2017年所有城镇区域工作应该做完。当然，能否如期做完那可能是另外一回事，但是这件事情早一点晚一点，肯定是要做完的。

第四，应对立法突进的困难有所准备。立法过程的速度是不可能强求的，应该是决策层下决心，启动一审，再争取走完立法的全过程。立法中应该充分讲道理，摆依据，积极运用系列听证会等方式尽可能阳光化地促成各个方面的共识。与其在没有立法安排的情况下并没有多少效果地在舆论场这样争来争去，不如按照中央的精神加快立法。到了立法过程中间，各方发声便都需要慎重考虑，尽量理性地表达各自的诉求。整个社会应耐心地走一审二审三审、很可能要走到四审，一定会有社会上创造天文数字新纪录的各种意见建议，要收集、然后梳理出到底实质性有多少多少条，如何吸收其合理成分。这是一个全民训练"走向共和"的过程，在公共资源、公共社会管理方面，这其实是一个很好的、必须要经历的客观的社会培训过程，也成为使我们的现代文明得到提升的过程。我国房地产税立法过程哪怕需要 10 年，它在历史的长河中也只是一瞬，但是这个"税收法定"的制度建设既然是肯定要做的，应该争取积极地尽快做起来。

项目策划:卓　翔　王　萍
责任编辑:宫　共
封面设计:徐　晖
责任校对:吕　飞

图书在版编目(CIP)数据

新时代经济学思维/《新时代经济学思维》编写组 编. —北京:
　人民出版社,2018.11
　ISBN 978-7-01-019960-3

Ⅰ.①新…　Ⅱ.①新…　Ⅲ.①中国特色社会主义-经济思想-研究
　Ⅳ.①F120.2

中国版本图书馆 CIP 数据核字(2018)第 235192 号

新时代经济学思维
XINSHIDAI JINGJIXUE SIWEI
本书编写组　编

人民出版社 出版发行
(100706　北京市东城区隆福寺街 99 号)

北京墨阁印刷有限公司印刷　新华书店经销

2018 年 11 月第 1 版　2018 年 11 月北京第 1 次印刷
开本:710 毫米×1000 毫米 1/16　印张:11.25　字数:121 千字

ISBN 978-7-01-019960-3　定价:32.00 元

邮购地址 100706　北京市东城区隆福寺街 99 号
人民东方图书销售中心　电话 (010)65250042　65289539